UN TOUR

DANS

ET LA HAUTE-ITALIE

PARIS

IMPRIMERIE F. LEVÉ

1883

UN TOUR

DANS

LES GRISONS, LE TYROL

ET LA HAUTE-ITALIE

(*Extrait du* Contemporain.)

R. DE SOUHESMES

UN TOUR

DANS

LES GRISONS, LE TYROL

ET LA HAUTE-ITALIE

PARIS

IMPRIMERIE F. LEVE

RUE CASSETTE, 17

1883

UN TOUR

DANS

LES GRISONS, LE TYROL

ET LA HAUTE-ITALIE

On ne décrit plus des pays aussi connus que le sont aujourd'hui la Suisse, le Tyrol et l'Italie ; aussi n'ai-je point l'intention de m'étendre en de longues peintures qui ne pourraient que perdre à être refaites. — J'indique un itinéraire, je note ce qui m'a frappé, rien de plus.

Au mois de juillet 1881, nous entrions dans la forêt Noire, patrie du kirsch et des coucous. La forêt Noire, ce n'est pas encore la Suisse, mais c'est déjà plus que les Vosges, et les maisons, avec leurs balcons couverts et leurs murs tapissés d'écailles en bois, ont des affinités avec le chalet classique et les autres constructions que nous rencontrerons dans les Alpes. Le chemin de fer court au milieu des sapins en escaladant les pentes les plus roides ; tantôt au fond d'une vallée, tantôt au sommet d'une montagne, il décrit maints lacets, traverse quantité de tunnels et parvient enfin à Sommerau, où une inscription apprend au voyageur qu'il est à « 834 ᵐ ü/ₘ ». A Donaueschingen, nous trouvons le Danube à sa source, ce n'est encore qu'une petite rivière bien tranquille et qui n'a rien de ce *beau Danube bleu* qui a inspiré les poètes et les musiciens allemands.

A partir de Radolfzell, la voie longe le lac que les géographes appellent Boden-See, et le commun des mortels lac de Constance. C'est une petite mer, hantée par les mouettes ; ses eaux vertes forment quelquefois de véritables vagues, qui s'entrechoquent avec fracas et se permettent de passer irrespectueusement par dessus les estacades. Le lac de Constance qui, à certains endroits, a plus de 700 mètres de profondeur, est soumis périodiquement à des variations de niveau qui sont encore inexpliquées. Moins coquet que les lacs italiens, moins bien encadré que les lacs suisses, le Boden-See a pour lui l'étendue, et cinq puissances se partagent ses rives : la Suisse avec les ports de Romanshorn et Rorschach, l'Autriche avec Bregenz, la Bavière avec la forteresse de Lindau, le Wurtemberg avec Friedrichshafen, et le grand-duché de Bade enfin avec Constance.

Constance est une petite ville triste, bien qu'elle soit placée dans une situation ravissante, au point où le Rhin sort du lac. Elle se donne là des airs de port de mer ; elle a une jetée, un phare et un bassin où viennent jeter l'ancre les bateaux à vapeur qui font le service du lac.

L'étranger se croit obligé d'aller voir à Constance la salle du Concile. C'est là que pendant quatre années, de 1414 à 1418, furent tenues les séances du célèbre concile œcuménique qui condamna Jean Huss et Jérôme de Prague son disciple, mit fin au grand schisme d'Occident en déposant les deux papes qui se disputaient la tiare, et fit monter Martin V sur le trône pontifical. — C'est une vaste salle, qui occupe le premier étage d'un grand vieux bâtiment, qui fut jadis la Douane. Elle est soutenue par des piliers en bois et ornée de fresques qui rappellent les principaux événements de l'histoire de la ville. On y voit notamment, à côté du supplice de Jean Huss, une entrée de l'empereur d'Allemagne actuel, au milieu d'un concours de messieurs en habit noir et de dames en toilettes invraisemblables, qui feront dans quelques siècles la joie des visiteurs, pourvu que Constance, la salle du concile et ses peintures n'aient pas disparu à cette époque, ce qui serait vraiment dommage.

Il faut visiter à Constance la cathédrale et l'hôtel de ville. L'hôtel de ville est une construction Renaissance, avec une façade entièrement couverte de jolies fresques modernes ou nouvellement restaurées. La cathédrale est un monument gothique ni mieux ni plus mal que beaucoup d'autres ; elle possède quelques grilles en fer forgé, dont le dessin forme perspective, des pierres tombales armoriées, un escalier intérieur et un buffet d'orgue xvi° siècle, et enfin un cloître moderne de bon style. On montre la pierre sur laquelle Jean Huss entendit son arrêt de mort avant d'être brûlé vif : car c'est à Constance que le célèbre réformateur termina sa carrière accidentée.

D'abord simple clerc, puis recteur de l'Université de Prague, et enfin aumônier de la reine de Bohême, Jean Huss embrassa avec ardeur les hérésies de l'anglais Wickliffe. Condamné par le Saint-Siège, il fit appel de cette sentence devant le concile, puis refusa de se soumettre à la décision de cette assemblée et préféra monter sur le bûcher plutôt que de rétracter ses erreurs. Jean Huss est le grand homme de Constance, où, par le temps de statuomanie qui court, on finira par lui élever un monument. En France, ce serait déjà fait ; il fut un révolté, un hérésiarque, un excommunié, et ce sont là des titres exceptionnels qui méritent mieux que le modeste buste qui décore aujourd'hui sa maison. Jean Huss était un révolutionnaire, en somme, non seulement en religion, mais encore en politique. N'est-ce pas lui qui soutenait que « nul n'est prélat ou souverain temporel s'il est en état de péché », proposition qui ne trouverait plus beaucoup d'adhérents disposés à se faire brûler en son honneur ?

Il y avait encore à voir à Constance, il y a quelques années, un vieux pont couvert dont certains guides s'obstinent à recommander la visite aux étrangers. Malheureusement, le Rhin s'est permis de l'emporter sans prévenir M. Joanne.

Constance, bien qu'enclavée dans le territoire suisse, est bien une ville allemande. Les marchands de cigares, les *conditoreien* y abondent, et ses bourgeois pacifiques se sont crus obligés, pour faire acte de patriotisme, d'élever sur une de leurs places un monument commémoratif de la guerre de 1870-71.

En quelques minutes, le chemin de fer a franchi la courte distance qui sépare Constance de la Suisse. La voie suit d'abord la rive du lac égayée par une suite de petits ports, puis elle remonte le cours du Rhin, et, après avoir longé les montagnes du Vorarlberg, dont les cimes élevées se perdent dans les nuages, elle côtoie, avant d'arriver à Ragatz, la principauté de Lichtenstein, dont on pourrait presque embrasser d'un regard toute l'étendue.

Ces petits états indépendants sont devenus, de nos jours, des anomalies, des curiosités : c'est à ce titre que je veux dire un mot de la principauté de Lichtenstein. — Enclavée dans l'Au--

triche qui a toujours protégé son indépendance, elle a dû à sa
situation géographique qui la mettait hors de la portée du vainqueur, de survivre aux événements de 1866. La principauté
renferme à peu près 7,000 habitants, et Vaduz, sa capitale, compte
bien 1,500 âmes. Lichtenstein faisait partie de la confédération
germanique, où, aux réunions de la diète, elle disposait d'un
sixième de voix. — Tout cela paraît bien ridicule maintenant où
l'on ne parle plus que de grandes nationalités. Pour mon compte,
je regrette la disparition de ces petits états; ils n'avaient ni les
soucis ni les charges de leurs grands voisins, et puis c'étaient des
souvenirs du vieux monde et les derniers vestiges d'une organisation politique qui avait bien ses avantages. — Mais nous voici à
Ragatz, c'est-à-dire en pleine vie moderne.

Ragatz est, en effet, un des rendez-vous du monde élégant, et
les eaux thermales, qui sont amenées d'une lieue de là, fournis-
sent aux étrangers un excellent prétexte pour y venir faire une
saison.

De Ragatz, l'excursion classique est celle des bains de Pfœffers.
La route s'engage dans une gorge étroite, resserrée entre des
rochers à pic, aux pieds desquels roulent tumultueusement les
eaux de la Tamina ; à chaque tournant du chemin ce sont des
échappées nouvelles, et on arrive sans s'en douter aux bains de
Pfœffers. — Après avoir traversé de longs corridors d'aspect
monastique, on pénètre dans une fente de rocher au fond de
laquelle roule le torrent ; au dessus, des roches blanchâtres se
dressent et se resserrent, en ne laissant filtrer qu'un mince rayon
de soleil qui les éclaire d'un jour faux. Au bout de la galerie, on
entre dans une sorte de grotte dont l'atmosphère chaude et
humide est écœurante ; c'est là que jaillit la principale source qui
a fait la réputation médicale de Pfœffers et de Ragatz : l'eau en
est tiède et m'a semblé absolument fade.

En une heure, le chemin de fer conduit de Ragatz à Coire, où
la ligne s'arrête.

Coire est le chef-lieu du canton des Grisons, canton qui forme
lui-même une petite république fédérative composée de trois
Ligues distinctes dont l'organisation remonte au moyen-âge.
C'est une petite ville entre deux hautes montagnes couvertes de
sapins : son aspect est mélancolique, et lorsque le gouvernement
suisse autorisait naguère le congrès ouvrier à y tenir ses séances

il comptait sur la physionomie de la ville pour calmer les ardeurs trop bruyantes des orateurs socialistes. — Les rues sont étroites et sans trottoirs, les pavés pointus et glissants. La seule curiosité de Coire est la cour épiscopale : on appelle ainsi la ville haute, qui date des Romains; on y a construit la cathédrale sur les ruines d'un ancien temple. Elle est entourée de vieux remparts et flanquée de grosses tours carrées, que l'on a transformées en maisons d'habitation.

A Coire, nous avons rencontré les premiers soldats suisses. Ils ressemblent de loin à des chasseurs à pied en bonnet de police ; mais de loin seulement, car, tout amour-propre national mis à part, et malgré les grandes qualités militaires qui ont valu aux Suisses leur vieille renommée, l'armée fédérale n'a pas bonne tenue et paraît peu disciplinée. Le contraire, du reste, étonnerait : le Suisse n'est appelé sous les drapeaux que de loin en loin, c'est un militaire d'occasion réalisant le type du soldat-citoyen cher à M. Thiers, et il est aujourd'hui reconnu que les armées non permanentes tournent rapidement à la garde nationale.

De Coire à Reichenau, la route remonte la vallée du Rhin, puis celle du Rhin postérieur, de Reichenau à Thusis. De vieux ponts de bois couverts, quelques châteaux, pour la plupart détournés de leur destination primitive, et de nombreuses tours carrées accrochées au flanc des montagnes attirent l'attention par la hardiesse de leur construction. — A Thusis, nous traversons le large lit bleuâtre et entièrement desséché de la Nolla, pour nous engager dans les gorges du Schyn. — Pendant dix kilomètres, la route longe un précipice d'une profondeur effrayante, au fond duquel on aperçoit les eaux blanches de l'Albula. Au-dessus de cette crevasse béante, produite par quelque grande commotion de la nature, s'élèvent des montagnes se dressant à perte de vue et sur lesquelles se détache de loin en loin quelque clocher mince, élancé, qui, placé à ces hauteurs, semble plutôt tombé du ciel que construit par la main de l'homme. La route traverse l'Albula sur le pont de Solis qui franchit d'une enjambée le précipice à 56 mètres de hauteur, et elle arrive à Tiefenkasten où elle prend la vallée de la Julia, à laquelle les géographes ont donné le nom beaucoup moins euphonique de Oberhalbstein.

Ici, du reste, la plupart des localités ont deux noms, le nom allemand et le nom roman issu du latin. Il y a là deux races distinctes, parlant deux langues absolument différentes et présentant deux types bien tranchés. A Thusis, à Tiefenkasten surtout, l'élément latin commence à balancer l'élément germanique, et le village de Schweiningen, en dépit du nom allemand qui a prévalu, présente déjà le type du village roman. Ici, plus la moindre *Wirthschaft*, pas le plus petit *Gusthof*, mais des *Osterie*, des *Alberghi*, des calvaires et de petites chapelles dédiées à la Madone ou à saint Antoine de Padoue. — Des capucins desservent ceux de ces villages dont la population est catholique ; car la religion est aussi tranchée que la race, et les villages alternent tantôt orthodoxes et tantôt réformés.

A Stalla, nous laissons la voiture suivre les nombreux lacets que décrit la route, et nous gravissons directement le col du Julier, au milieu de rochers dénudés. A gauche, le Piz Julier élève sa masse pierreuse où l'on chercherait vainement un brin d'herbe, puisque au sommet du col, à 2,288 mètres d'altitude toute végétation déjà est arrêtée. Là, on trouve une cabane, moitié maison de refuge et moitié auberge, un petit lac grand comme le bassin d'un jet d'eau, et les colonnes Juliennes, deux piliers que la tradition représente comme ayant été dressés par les Celtes ou les Romains. — On descend sur Silvaplana et la vallée de l'Engadine en longeant les gorges profondes du torrent de Montarasch, au milieu de maigres pâturages où des troupeaux d'ânes et de chèvres viennent prendre leurs ébats.

Silvaplana est un petit village, au bord d'un lac charmant dont les eaux vertes reflètent des montagnes boisées, derrière lesquelles apparaissent des masses blanches de glaciers. Le paysage est si frais, si gracieux, qu'il rend moins ridicule l'inscription, pas mal emphatique cependant, qui s'étale en grosses lettres sur le mur de la maison de poste.

> Ille terrarum mihi præter omnes angulus ridet.
>
> (H.)

La route de Silvaplana au col de la Maloggia forme une délicieuse promenade qui longe les deux lacs ravissants de Silvaplana et de Silz-Maria. C'est à peine si l'on monte pour arriver au sommet du col, qui n'est qu'à 1,808 mètres, alors que la vallée avec ses lacs et ses torrents n'est pas à moins de 1,750 mètres d'altitude. La vue est magnifique du haut de la plate-forme de rocher qui s'élève en face de l'hôtel du Maloggia-Kulm : des montagnes élevées encadrent une vallée étroite et profonde, au fond de laquelle serpente, toute poudreuse, la route qui descend en Italie.

Pour aller de Silvaplana à Samaden, on traverse les bains, puis le village de Saint-Maurice. C'est une suite de grandes constructions qui, à défaut de pittoresque, paraissent avoir beaucoup de *comfort*. La mode s'est installée dans ce coin de terre, *terrarum angulus*, comme l'appelle l'inscription de Silvaplana ; de jeunes *misses* y font assaut de toilettes avec de sémillantes *frauleinen*, mais c'est la colonie anglaise qui semble donner le ton à Saint-Maurice, où elle paraît installée comme chez elle. Saint-Maurice, du reste, est gentîment situé au bord d'un petit lac agrémenté de cascades, et puis il a ses fameuses sources ferrugineuses qui passent pour contenir plus d'acide carbonique qu'aucune autre, mais ceci est un détail qui doit être fort indifférent à la plupart des baigneurs.

Samaden est le chef-lieu de l'Engadine, c'est-à-dire de cette partie de la vallée de l'Inn qui s'étend du col de la Maloggia aux frontières du Tyrol. L'Inn a un cours des plus accidentés, et les géographes ne sont même pas fixés sur ses véritables sources. Tout le monde est d'accord pour reconnaître qu'il sort du lac de Silz, mais, comme ce lac est alimenté principalement par deux torrents, la question est de savoir quel est celui des deux qui contribue le plus à sa formation. C'est, on le voit, une recherche de paternité en matière fluviale : grave sujet qui divise les « meilleurs esprits. » Les uns tiennent pour le torrent du Piz Lungen, les autres pour celui du Val Fédoz, et, comme il n'y a pas plus de raison pour que ce soit celui-ci plutôt que celui-là on pourra disputer longtemps encore sur cette question toute palpitante d'intérêt. En attendant que l'on ait décidé de son origine, l'Inn sort du lac de Silz pour se jeter dans celui de Silvaplana, qu'il traverse pour retomber dans le lac de Saint-Maurice, d'où il suit son cours vers l'Allemagne.

Le fond de la vallée de l'Engadine est occupé par de riches pâturages, peuplés de troupeaux de vaches portant toutes au cou soit une clochette sonore, soit un lourd grelot fêlé. La plupart ont le pelage isabelle, et l'on ne s'imagine pas l'expression que donne à leur tête leurs sourcils et leur mufle noirs admirablement estompés.

En sa qualité de chef-lieu de l'Engadine, Samaden a quelques vieilles maisons ornées de belles grilles en fer forgé et une église italienne toute blanche, sur le portail de laquelle on lit l'inscription romane :

A DIEU SULET
GLORIA ED ONUR

Au-dessus du village, s'élève une petite construction, moitié chalet, moitié gothique, qui est le temple anglican ; car un des premiers soins des Anglais, lorsqu'ils s'installent quelque part pour un ou deux mois de l'année, est de faire venir un *clergyman* auquel ils construisent une chapelle. C'est ce qu'ils ont fait a Saint-Maurice, à Samaden, et ce qu'ils font à Pontresina où nous allons nous rendre.

La route traverse l'Inn, dont les eaux blanchâtres courent rapidement entre deux rives endiguées, et après une heure on aperçoit de grandes constructions qui ne dépareraient pas les plus beaux quartiers d'une grande ville : ce sont d'immenses hôtels qui, malgré leur étendue, sont insuffisants pour donner asile à tous les voyageurs. Alors, on les loge comme on peut chez les habitants du village, et nous fûmes logés de la sorte dans un chalet, où plafond, plancher, cloisons, meubles, tout était en sapin naturel. On se croirait dans une immense boîte à jouets; au premier abord, c'est très original et l'odeur du sapin ne semble pas désagréable, mais ce n'est qu'une première impression sur laquelle on ne tarde pas à revenir.

Pontresina est un assez grand village, très fréquenté par les étrangers. On installe pour eux des jeux de *lawn-teanis*, on a transformé en parc le bois de pins le plus rapproché, et l'on a construit tout récemment un escalier de 131 marches pour descendre au fond d'un petit précipice qui semble s'être ouvert là tout exprès pour éviter aux étrangers la peine d'en chercher au loin. Ici, du reste, on n'a pas à se déplacer pour jouir d'une vue magnifique, car, du village même, on a devant soi un véritable décor de théâtre: deux grandes montagnes toutes noires encadrant la masse toute blanche du Roseg. En somme, Pontresina est digne de la vogue qu'il acquiert, la vie y est très confortable, la marée arrive suffisamment fraîche, et j'ai même découvert un numéro de *la Vie Parisienne* qui n'avait pas plus de quinze jours de date.

Pontresina est le point de départ d'un grand nombre d'ascensions et de courses de glaciers. Parmi les nombreux *piz* qui se dressent aux environs, le piz Languard est le plus rapproché et l'on ne peut guère se dispenser d'en faire l'ascension. Jusqu'au pied du cône, c'est-à-dire pendant deux heures, la pente est assez douce pour qu'on puisse la gravir à cheval. On franchit la zone des arbres, et, après avoir traversé de maigres pâturages, on rencontre un petit lac d'aspect sinistre qui semble égaré à ces hauteurs ; on côtoie des bancs de neige, et alors commence la véritable montée. Ici, tout sentier a disparu ; il faut grimper au milieu des rochers, tourner les plus gros, escalader les autres, et, après cinq quarts d'heure de cette gymnastique, on atteint le sommet du piz, à 3.266 mètres au-dessus du niveau de la mer. Le panorama est véritablement magnifique, la vue découvre des montagnes à l'infini : on prétend qu'on peut en compter jusqu'à mille. A ces hauteurs, les vallées disparaissent, on ne distingue plus que des sommets qui se pressent au-dessous de vous, arides, dénudés, étendant à perte de vue leur masse de neige et de rochers. J'ai entendu comparer ce tableau à celui d'une mer immense dont les vagues géantes auraient été subitement immobilisées. De grands oiseaux de proie voltigent à côté de nous et semblent guetter avec impatience le moment de notre départ ; ne les faisons pas trop attendre et descendons par où nous sommes montés, en évitant de faire un faux-pas qui pourrait coûter cher.

Dans ce pays de montagnes et de précipices, j'ai trouvé un Hollandais, un véritable Hollandais qui a quitté les rives de l'Y pour venir vendre des cigares à Pontresina. Est-il nécessaire de dire que le pauvre homme est un peu dépaysé et qu'il trouve les montagnes plus monotones que les plaines immenses de sa patrie ?

De Pontresina au col du Bernina, la route monte en longeant les glaciers de Morteratsch et de Cambrena, dont les grandes masses blanches prennent parfois des reflets bleuâtres, et elle arrive au lac Nero, puis au lac Bianco, lesquels n'étant pas à moins de 2.230 mètres d'altitude, sont gelés pendant huit mois de l'année. Malgré leurs noms, le lac Bianco est du plus beau vert et le Nero absolument bleu. On suppose que ces deux lacs, n'étant qu'à trois cents mètres l'un de l'autre, communiquent souterrainement, et que les eaux bleues du Nero ne doivent leur couleur qu'au filtrage qu'elles subissent avant d'y arriver. Ce qui est certain, c'est que le col du Bernina étant, comme celui de la Maloggia,

sur la limite des bassins de la mer Adriatique et de la mer Noire,
le lac Bianco se déverse dans celle-ci et le Néro dans celle-là;
parfois même, à la fonte des neiges, les deux lacs n'en forment plus
qu'un seul, qui s'écoule partie dans une mer et partie dans l'autre.

Près du lac Bianco s'élève l'hospice du Bernina, grande et so-
lide maison sur laquelle on lit la devise :

DIEU ET PATRIE

Une autre inscription rappelle la hauteur que la neige a atteinte le
24 mai 1879; elle monta jusqu'aux fenêtres du troisième étage.
Ces deux inscriptions se complètent l'une par l'autre et la se-
conde me semble expliquer la première.

A l'hospice du Bernina, nous quittons la route pour prendre
un sentier qui, laissant les lacs à sa gauche, passe au pied du glacier de Palud et arrive à l'Alp-Grum, d'où l'on découvre le plus
gracieux paysage que nous ayons peut-être rencontré dans toute
l'Engadine : les montagnes étagent à perte de vue leurs plans
savamment éclairés, et, bien loin, dans le fond de la vallée, le lac
de Poschiavo brille comme un immense miroir. Le pays perd
peu à peu son aspect lugubre, le rocher aride fait place à un
gazon encore bien clairsemé, mais sur lequel des massifs de roses
des Alpes s'épanouissent en touffes éclatantes.

Alors commence la descente sur l'Italie ; c'est par un sentier
ravissant qui serpente sous les sapins que l'on arrive dans la
vallée, en suivant le cours du Cavagliasco, torrent fougueux qui
fait de superbes cascades et que l'on franchit sur le pittoresque
mais chancelant Pontalta. Enfin, voici Poschiavo, dont les rues
sont traversées à toute vitesse par un grand torrent qui lui a em-
prunté son nom et qu'on appelle le Poschiavino.

Poschiavo est une jolie petite ville, d'aspect italien, qui a une
vieille église et un curieux hôtel de ville. Celui-ci est orné d'une
ancienne tour carrée, sur laquelle on a peint les armes de la ville
supportées par deux guerriers du xvᵉ siècle, de grandeur natu-
relle. L'église est en bon gothique, mais on a eu le mauvais goût
de remplacer les sculptures par des peintures en trompe-l'œil
auxquelles l'œil le moins exercé ne se laisserait pas prendre.
L'édifice est fermé par une magnifique porte en bois sculpté et
couronné par une vénérable tour romane, d'une hauteur et
d'une légèreté surprenantes. Enfin, près de là, un ossuaire, clos

par une belle grille en fer forgé, aligne ses rangées de crânes
derrière des lattes de bois vermoulu.

Poschiavo possède quelques vieilles maisons, entre autres
celle des barons Bassus qui est encore décorée de leurs armes,
bien qu'elle soit aujourd'hui transformée en hôtel. Peu d'hôtels
même ont une salle à manger comme celle-ci : le plafond à cais-
sons est soutenu par des boiseries sculptées, sur lesquelles se
détache une vieille glace entourée d'un cadre armorié, d'un
dessin et d'une exécution remarquables. Enfin, cette salle renferme une galerie qui est peut-être unique dans son genre : ce
sont les portraits des Sibylles de l'antiquité qui ont illustré la
profession. Cette collection ne pouvait, du reste, être mieux placée qu'à Poschiavo, où les sorcières paraissent avoir joué un rôle
considérable, si l'on en juge par le cachot que l'on montre
encore aujourd'hui, et où quelques-unes d'entre elles furent
enfermées au moyen-âge.

Pour aller à Tirano, la route descend toujours, en suivant le
torrent du Poschiavino qui, dans son cours accidenté, traverse le
lac de Poschiavo. Des montagnes couvertes de forêts l'entourent
de tous côtés et se reflètent avec une netteté extraordinaire sur
sa surface parfaitement unie. Enfin, joignant l'utile à l'agréable,
ses eaux limpides sont peuplées de truites renommées dont il
nous a été donné d'apprécier le mérite. La route longe le lac, et
rejoint, à sa sortie, le torrent qui recommence de plus belle sa
course folle au milieu des rochers ; il fait les sauts les plus amu-
sants, et finit, de cascade en cascade, par tomber au fond d'une
gorge profonde, d'où il se jette dans l'Adda, autre torrent plus
large et aussi rapide que lui. — Mais la route ne va pas aussi vite ;
elle traverse Brusio, gros village entouré d'immenses champs de
tabac, et orné d'une église italienne et protestante (deux mots
qui jurent l'un à coté de l'autre). C'est le dernier village suisse :
dans quelques minutes, nous passerons devant la borne qui
porte l'inscription :

CONFINE SVIZZERA

et nous trouverons à Campo Cologno, les premiers douaniers
italiens.

Après être passés devant la belle église de la Madona di Tirano,
dont la tour élancée est recouverte, de la base au sommet, d'une

couche de badigeon qui simule le *petit appareil* du style roman primitif, nous arrivons à Tirano.

A Tirano commence véritablement l'Italie, avec ses mûriers, ses châtaigniers, ses grands champs de maïs et ses vignes cultivées en berceaux. Ici, les membres du clergé portent la soutanelle, la culotte courte, et ils ne dédaignent pas de faire usage de l'ombrelle, alors que les femmes préfèrent se servir de la mantille et de l'éventail. Nous voici dans le pays des beaux yeux, qui est aussi celui des mendiants, des mouches et de certains insectes d'une nature plus intime, mais dont les voitures italiennes sont positivement infestées.

Tirano possède une ancienne église dont la tour romane rappelle celle de Poschiavo, de vieilles maisons avec des cours entourées de galeries, et quelques palais plus ou moins délabrés qui arborent fièrement, au-dessus de leur grande porte, les armes de leurs anciens maîtres. Notons qu'en Italie on ne ménage pas les titres pompeux : en France, nos antiques demeures princières étaient appelées *hostels* ; ici, toute maison ayant quelque apparence est qualifiée de *palais*, et si vous donnez deux sous à un mendiant, il vous remerciera en vous traitant d'*Eccellenza*.

La route de Tirano à Bormio s'engage dans la Valteline, que nous allons maintenant remonter jusqu'à sa naissance. Le fond de la vallée est occupé par le vaste lit de l'Adda ; en été, elle y coule au large, c'est un ruisseau dans le lit d'un fleuve ; mais, à la fonte des neiges, le ruisseau devient un formidable torrent, et, de Tirano à Bormio, la vallée porte la trace des terribles inondations qui l'ont souvent dévastée. Des maisons éventrées, de vastes étendues de plaines couvertes d'un gravier sablonneux attestent la puissance de l'Adda, dont les eaux déplacent quelquefois des blocs de rochers. En 1807, un éboulement se produisit dans le mont Sernio, qui se dresse au bord de la rivière ; les eaux arrêtées dans leur cours transformèrent la vallée en lac, et on peut lire encore, sur une maison du village de Lovero que nous traversons, une inscription italienne qui indique la hauteur à laquelle l'eau monta dans les rues : elle parvint à plus de cinq mètres du sol.

La vallée de l'Adda est entourée de hautes montagnes ; leurs pentes abruptes, sur lesquelles se détachent d'innombrables clochers tout blancs, sont coupées horizontalement par les diverses zones qui s'étagent entre la vigne plantureuse et le rocher inculte. Au sommet, la roche toute nue ; plus bas, le gazon commence à se montrer. En continuant à descendre, voici des pins, puis des mûriers et des châtaigniers, et enfin la vigne cultivée à l'italienne. Les villages se suivent et se ressemblent, ils ont tous la même église, avec la même tour élancée qui n'est jamais contiguë à l'édifice.

A partir de Bolladore, le pays change entièrement d'aspect. La vallée se rétrécit, devient aride et sauvage ; au lieu de riches cultures, on ne voit plus que de maigres pâturages entrecoupés de rochers. L'Adda devient trouble, les riants villages ont fait place à des hameaux en ruine, dont le plus misérable cependant a son église et ses cloches. Les habitants eux-mêmes ont l'air malheureux, et la diligence traverse leurs tristes hameaux entre deux files de mendiants. Les infirmes, les nains, les goitreux se multiplient, et ne vous effrayez pas si parfois un individu de mauvaise mine vous regarde avec un air étrange : c'est un idiot absolument inoffensif.

A Ceppina, la vallée s'élargit, elle commence à reverdir et quitte son aspect désolé pour arriver à Bormio, vieille petite ville assez triste malgré les nombreux clochers qui attestent son ancienne splendeur.

Bormio serait absolument inconnu sans les bains qui, à force de réclame, parviennent à y attirer quelques étrangers. Avant d'arriver à l'établissement des nouveaux bains, on jouit d'une vue très étendue sur la vallée de l'Adda et le Val di Viola qui vient y déboucher, mais le paysage n'a plus l'aspect italien de la Valteline inférieure, ni la grandeur sauvage des rochers de l'Engadine. Les nouveaux bains forment un groupe de constructions confortables, moins élégantes cependant que celles des bains de Saint-Maurice. Les eaux thermales et sulfureuses y sont amenées par une rigole en bois que nous suivons pour monter aux sources qui jaillissent près des anciens bains ; ceux-ci, avec leurs vieux murs et leurs voûtes noircies, s'élèvent dans une situation très pittoresque, ce qui ne les empêche pas d'être à peu près abandonnés.

A partir d'ici, la montagne prend un caractère grandiose : de grandes masses de rochers taillés à pic forment des précipices effrayants, et le sentier côtoie un abîme au fond duquel on voit écumer l'Adda. Il ne tarde pas à rejoindre la grande route postale du Stelvio, qui passe pour être la plus élevée et la plus curieuse de l'Europe. Construite au commencement de ce siècle par le gouvernement autrichien, elle n'est ouverte que pendant quatre mois de l'année ; à l'automne, elle commence à devenir impraticable et elle ne tarde pas à disparaître sous les masses de neige qui s'entassent au-dessus d'elle. Au mois de juin, celles-ci glissent peu à peu dans le ravin, et alors on peut constater les ravages de l'hiver. Tantôt c'est une galerie qui a été défoncée par la chute d'un rocher, tantôt c'est une portion de route qui a été enlevée tout entière par une avalanche. De nombreuses galeries protègent les passages qui, même en été, sont les plus exposés, et rien n'est épargné pour leur donner une solidité que l'on croirait à toute épreuve ; elles sont formées soit par d'énormes madriers, soit par des murailles plus épaisses que celles d'une casemate, soit par des tunnels taillés dans le roc. Après avoir franchi le Trou de Bormio, précipice étroit bordé de grands rochers à pic aux flancs desquels la route a dû s'accrocher, celle-ci monte lentement, en décrivant d'innombrables zigzags, tandis qu'à sa gauche le torrent du Brauglio roule, au fond du ravin, ses eaux sales qui parfois passent sous des ponts de neige ou bondissent en cascades boueuses. Sur une route aussi menacée que l'est celle-ci, les *cantoniere* sont nombreuses, et l'une d'elles porte encore la trace du passage des garibaldiens en 1859. Montant toujours, nous arrivons dans une sorte de bassin verdoyant émaillé de quelques rares *edelweiss*, la célèbre fleur des glaciers, moins semblable à une plante qu'à une étoile découpée dans du coton gris. Là, on a élevé une maison de chapelain à côté d'un modeste oratoire, et nous ne tardons pas à parvenir à la 4ª *cantoniera* di Santa-Maria, qui est probablement l'habitation permanente la plus élevée de l'Europe ; elle est à 2.538 mètres d'altitude, c'est-à-dire à deux cents pieds plus haut que l'hospice du Grand Saint-Bernard.

C'est à la fois une maison de cantonniers, un poste de douane italienne, une auberge et un observatoire. On lit en effet sur une des portes :

OSSERVATORIO METEOROLOGICO

P. A. SECCHI

et, à défaut de cette inscription, les instruments scientifiques rouillés qui traînent un peu partout ne laisseraient aucun doute à cet égard. Inutile de dire qu'il fait froid ici, même au cœur de l'été, et que les précautions sont prises pour que douaniers, cantonniers et aubergistes ne soient pas gelés pendant l'hiver. Les murs ont l'épaisseur d'un rempart, toutes les fenêtres sont doubles, et les lits sont munis d'épaisses couvertures de laine qui, par surcroît de précautions, sont bordées de plomb sur les côtés.

La 4ᵉ *cantoniera* est située au milieu de montagnes entièrement arides, dans un bassin d'aspect désolé où il ne croît guère que des chardons. Huit mois d'hiver doivent y paraître bien longs, on est sans communication possible avec le reste des humains et on a la perspective d'être un jour enseveli sous une avalanche ou enlevé par la tempête. Pendant huit mois, le pays disparaît sous des masses de neige où aucun contrebandier n'oserait s'aventurer ; il n'y a plus de route, partant plus de voyageurs, et on ne voit pas ce que douaniers, cantonniers et aubergiste peuvent bien avoir à faire là.

La 4ᵉ *cantoniera* est à une heure du sommet du col du Stelvio que les Allemands appellent Stilfser-Ioch ; là, se trouve la borne qui marque la frontière entre l'Autriche et l'Italie, elle indique aussi l'altitude de 2.814 mètres, c'est peut-être le col le plus élevé des Alpes. Faut-il ajouter que l'on ne voit plus aucune trace de végétation, et que nous trouvons, en plein été, de gros tas de neige qui s'élèvent encore sur les côtés de la route.

A droite, l'Ortler imposant déroule ses immenses glaciers se perdant dans une gorge profonde, où ils finissent en torrents que l'on voit jaillir une voûte de neige. Plus près, le Monte-Cristallo dresse sa masse brillante, et, dans le fond, la vallée s'allonge entre deux murailles de talc gris ou de roches bleuâtres.

Au milieu de cette nature grandiose, nous avons eu le magnifique spectacle d'un orage. En un instant, nous sommes entourés par les nuages que ne tardent pas à déchirer des éclairs rapides, immédiatement suivis de tonnerre. A ces hauteurs, il n'a pas de roulement ; c'est un coup sourd, violent, sans écho, et qui ne peut mieux être comparé qu'à un immense coup de cymbale. Essayer de fuir serait imprudent autant qu'inutile, le mieux est donc de prendre philosophiquement son parti, en admirant la vallée à demi voilée par un rideau de pluie, tandis que les pointes de glaciers émergent des nuages et profilent vigoureusement leur silhouette d'une blancheur éclatante sur le ciel noir qui les entoure.

La route, en longeant le précipice, forme de nombreux lacets que l'on peut éviter en suivant des sentiers plus directs, mais qui ne sont pas toujours sans danger.

L'un d'eux fut, il y a quelques années, le théâtre d'un événement tragique qui fit grand bruit en son temps et dont le souvenir est encore vivant dans le pays. Un gentleman qui, malgré son nom français, était un sujet de Sa Gracieuse Majesté, M. H. P. de T., venait d'épouser une de ses compatriotes et leur contrat de mariage avait assuré des avantages considérables à celui des époux qui survivrait à l'autre. Les jeunes mariés firent leur voyage de noce en Tyrol; là, ils aimaient à se perdre ensemble dans les sentiers sinueux de la montagne. Un jour, M. de T. conduisit sa jeune femme à l'endroit même où nous sommes, et, comme elle se penchait au bord du précipice pour en admirer la profondeur, son mari la fit rouler dans le ravin. Par un hasard providentiel, la malheureuse rencontra dans sa chute une broussaille à laquelle elle parvint à se cramponner avec l'énergie du désespoir, suppliant son mari de la sauver. Celui-ci descendit jusqu'à elle, et l'envoya rouler au fond de l'abîme. Traduit devant le jury autrichien, M. de T. réussit à n'être condamné qu'à dix-huit ans de détention, et il subit sa peine fort doucement, dit-on, avec tout le luxe, les ménagements, les égards même qui sont dus à un détenu millionnaire : car, le plus curieux de l'aventure, c'est que la fortune de la victime profite à l'assassin dont elle adoucit la captivité.

A partir de Franzenshöhe, la route descend sur Trafoï par de jolis bois de sapins, tout peuplés de petits oiseaux, et qui paraissent plus riants encore après les solitudes désolées que l'on vient de traverser.

Trafoï est un groupe de quelques maisons, au pied même du glacier de Mondatsch, et dans le fond de la charmante vallée à laquelle il a donné son nom. C'est le premier village autrichien que nous rencontrons et la maison de poste est décorée d'un panonceau chargé de l'aigle à deux têtes.

En Autriche, un Lorrain n'est pas un étranger; il retrouve dans les armes impériales les alérions héraldiques de son pays, et il ne peut oublier que l'auguste souverain qui règne à Vienne est le descendant de l'illustre maison qui, pendant plus de sept cents ans, a possédé la Lorraine.

A peine a-t-on franchi la frontière que l'on est frappé de la différence qui existe entre le Tyrol et l'Italie. — Ici, plus de mendiants ; une population patriote, énergique, laborieuse, qui tient à la fois de l'allemand et de l'italien, et semble avoir hérité des qualités de ces deux races sans avoir pris leurs défauts. On a dit que le Tyrol était la Vendée de l'Autriche : profondément cathoique, le Tyrolien n'a pas seulement la religion extérieure, un peu superstitieuse de l'Italien; chez lui, les actes sont en harmonie avec les principes, et son honnêteté a toujours été proverbiale. De grands crucifix que protège un toit en forme de triangle s'élèvent sur le bord des routes, et je n'engagerais pas nos bons rouges à venir exercer ici les talents de démolisseurs dont ils font preuve en France. Le respect humain est chose inconnue chez ces rudes montagnards qui ont conservé une piété naïve : dans leurs villages, vous verrez chaque famille faire la prière en commun ; lorsque sonne l'*Angelus,* tout le monde se découvre, et nous avons vu même des voyageurs s'agenouiller au fond de leur voiture.

On dira que c'est de la *bigoterie :* soit, seulement je serais curieux de comparer la statistique criminelle du Tyrol avec la nôtre, je crois bien que la conclusion que l'on tirerait de ce rapprochement ne viendrait pas à l'appui des théories qui ont cours aujourd'hui chez nous.

Après Trafoï, l'étroite vallée que nous descendons est barrée par le fortin de Gomagoï, et la route doit passer sur ses ponts-levis pour continuer sur Stelvio. Ce village qui a donné son nom à tout le passage est accroché au rocher, et ses maisons, suivant l'heureuse expression de Bœdeker, y sont suspendues comme des nids d'hirondelles : quels jolis paysages on ferait avec cela ! La Suisse n'a pas de vallée plus pittoresque que celle-ci, avec ses montagnes boisées et ses rochers abrupts, au milieu desquels un torrent descendu des glaciers forme les cascades les plus imprévues. — Avant d'entrer dans la vallée de l'Adige, donnons un dernier coup d'œil à l'Ortler et au Monte Cristallo, auxquels une dame italienne et romanesque qui voyage avec nous jette un baiser d'adieu; voici Eyrs où les habitants mettent un tablier de cuisine pour aller travailler aux champs, et où nous prenons la poste autrichienne.

Les conducteurs de diligence ont ici un costume d'opéra comique: ils portent l'ancienne tenue illustrée par le postillon de

Lonjumeau, chapeau galonné d'argent, veste gros-bleu à revers orange, gilet rouge à petits boutons d'or. Ils ont de plus une trompe recourbée dont ils tirent un son rauque, et sur laquelle ils jouent, en entrant dans les villages, un air triste et monotone; habituellement faux, mais très original.

La vallée de l'Adige étend ses pâturages ou ses larges cultures entre des montagnes couvertes de forêts. Parfois, celles-ci se resserrent, et leurs grandes pentes boisées, rétrécissant la rivière, en font un torrent. La route qui se dirige sur Botzen longe constamment le cours de l'Adige, dont elle suit les nombreuses sinuosités; c'est ainsi qu'elle passe à Méran, vieille petite ville avec de grands couvents et d'anciennes maisons qui ont des airs de châteaux.

Jusqu'en 1248, Méran fut la capitale d'un duché qui finit par être partagé entre les héritiers du dernier duc. A cette maison appartenait la célèbre Agnès de Méranie, dont les aventures ont fourni le sujet de plusieurs tragédies. Mariée à notre roi Philippe-Auguste qui venait de répudier sa femme, elle lui avait déjà donné deux fils et allait encore le rendre père, lorsque le pape Innocent III ordonna au roi de « renvoyer sa concubine ». Philippe-Auguste refusa, le pape mit le royaume en interdit le 15 janvier 1200. C'était une mesure extrême à cette époque où la religion tenait une si grande place : les églises se fermaient, les prêtres refusaient les sacrements et ne consentaient même pas à inhumer les morts. La peste faillit se déclarer; pour obtenir la paix, le roi consentit à renvoyer Agnès, et, quelques mois après, cette princesse mourait de douleur au château de Poissy où elle s'était retirée.

A partir de Méran, et sans doute pour ne pas faire mentir la renommée de cette ville que l'on appelle la Nice de l'Allemagne, la température devient aussi chaude que celle de la Valteline inférieure. Le sol se couvre d'une végétation toute méridionale, et c'est au milieu de riches vignobles qu'apparaît la jolie ville de Botzen.

Botzen est admirablement situé dans une plaine entourée de hautes montagnes dont les cimes sont bizarrement dentelées. Ces montagnes protégeant la ville contre les vents du Nord, le climat y est exceptionnellement chaud, si chaud même qu'en été les habitants la désertent pour trouver un peu de fraîcheur. Néanmoins,

Botzen présente une grande animation les jours de marché. La ville a de vieilles maisons, des rues étroites et une grande place à arcades, où s'élève une église gothique avec une flèche à jour et une toiture en tuiles de différentes couleurs.

L'église est entourée extérieurement de pierres tombales armoriées, véritables modèles d'ornementation héraldique; elle possède une chaire à prêcher du xvie siècle et un portail très curieux, quoiqu'il soit d'un modèle assez commun en Italie. Ce portail, qui appartient essentiellement à l'époque romane, est précédé d'un petit porche porté sur deux colonnes, lesquelles viennent elles-mêmes reposer sur le dos de deux grands lions couchés. Ceux-ci symbolisent, dit-on, le lion de Juda, qui, d'après l'Ecriture (1), est à la fois le défenseur et le soutien du temple. Il paraît que primitivement on rendait la justice et l'on passait les contrats solennels sous ce péristyle, qui devenait ainsi une sorte de tribunal, et cet ancien usage expliquerait la formule « *inter leones* » que l'on trouve dans l'intitulé de certains actes anciens (2).

Près de l'église, à l'entrée d'un cimetière, s'élève un petit édifice qui sert de chapelle ardente : sur la porte on affiche les noms des défunts, et à l'intérieur on expose leurs cercueils, drapés de noir et entourés de cierges.

Ne quittons pas Botzen sur ce funèbre souvenir, d'autant plus que c'est une ville riante et que sa garnison vient encore lui apporter un nouvel élément de gaieté. Nous y avons vu cette belle infanterie autrichienne qui réserve pour la grande tenue ses magnifiques uniformes blancs et porte d'ordinaire une sorte de complet de chasse dans des tons éteints, gris ou bleuâtres. Nous avons rencontré des cavaliers portant la haute casquette, le dolman bleu céleste à poches de poitrine et la large culotte rouge très collante du genou, qui semblent avoir servi de modèles aux képis élevés, aux tuniques-dolmans et à la culotte à la mode dans notre cavalerie. L'armée autrichienne est bien l'armée laborieuse qui a réformé son luxe, supprimé ses splendides uniformes, et porté à ses limites extrêmes la simplicité de la tenue ; c'est à peine si celle de l'officier diffère de celle du soldat : pas d'épaulettes, pas de galons, une étoile au collet et voilà tout. — Est-ce un bien? Est-ce un mal? Les belles tenues ne relèvent-elles pas la troupe à ses propres yeux, ne lui donnent-elles pas

(1) Genèse, xlix, 9. — Ezéchiel, i, 10. — Apocalypse, v, 5.
(2) M. de Caumont, *Abécédaire d'archéologie :* Architecture religieuse, ch. iii.

cet amour-propre de l'uniforme si précieux dans une armée. C'est une question très discutée; je n'ai pas la prétention de la résoudre.

A Botzen, nous trouvons le chemin de fer qui va nous conduire à Trente. La ligne suit la vallée de l'Adige, côtoie de hautes montagnes, et traverse de nombreux villages où la note italienne va toujours en s'accentuant jusqu'à Trente, qui a tout à fait l'aspect d'une ville d'Italie.

Des rues désertes, sous le grand soleil qui accentue durement toutes les ombres, quantité de vieilles maisons avec des tours et de grandes corniches faisant fortement saillie sur la rue, beaucoup de palais ayant encore grand air malgré leur délabrement. Plusieurs semblent même entièrement abandonnés, si l'on en juge par les planches avec lesquelles on se contente de remplacer les fenêtres qui sont tombées de vétusté. Dans certains quartiers, des sujets de dévotion, Christs ou Madones, statues ou tableaux, sont accrochés au-dessus des portes ou aux angles des carrefours. Souvent une lampe ou une modeste lanterne brûle devant l'image pieuse, et ce n'est pas un des moindres sujets de curiosité de la ville que toutes ces lumières vacillantes, se balançant au-dessus de la rue.

Ancienne terre ecclésiastique, Trente possède encore un grand nombre de couvents, et il n'est pas rare de rencontrer dans les rues des moines mendiants circulant la besace au dos. — Les évêques, anciens souverains temporels, prenaient le titre de prince, et occupaient le château de Buon-Consiglio, qui était plutôt une citadelle qu'un palais épiscopal. On leur a laissé le titre, mais on leur a pris le château : c'est maintenant une caserne fortifiée, et l'on a utilisé pour la défense de la ville son antique donjon et ses vieux créneaux à la lombarde, qui portent à leur sommet une profonde entaille triangulaire.

Sur une place à arcades, dont quelques maisons sont décorées de fresques à demi effacées, s'élèvent une fontaine style Louis XIV et une cathédrale romane. Nous ne dirons pas grand'chose de la fontaine, bien qu'elle soit entourée de Tritons qui s'amusent à cracher en l'air, et couronnée par un superbe Neptune armé du trident classique qui doit avoir ici une signification spéciale, Trente se disant en latin *Tridentum*. Quant à la cathédrale, c'est un curieux édifice du XIIIe siècle, avec un toit arrondi qui a l'air de faire le gros dos et une massive coupole qui fait ressortir la ténuité d'une mince tourelle s'élevant près de là. De même qu'à Botzen, le portail est supporté par deux lions couchés; dans les bas-côtés, des escaliers intérieurs grimpent le long des murailles, enfin les grandes dalles qui sont incrustées dans le pavé et qui recouvrent les tombeaux des évêques ont conservé un beau relief malgré les gros souliers des fidèles.

Trente possède encore une autre église, moins curieuse par elle-même que par les souvenirs qui s'y attachent. C'est à Sainte-Marie-Majeure, en effet, que s'est tenu, de 1545 à 1563, l'avant-dernier concile œcuménique, qui fixa le dogme de l'Eglise et arrêta les termes du *credo*. — Dans le chœur de l'église, on voit encore une vieille toile représentant d'une façon naïve le concile en séance.

Lorsque le soir apporte quelque fraîcheur, les Trentins sortent de chez eux, et la ville prend un peu d'animation, pas assez cependant pour lui faire quitter la physionomie grave et recueillie qui lui est propre. Mais cette austérité ne serait-elle qu'apparente? et quelle créance faut-il accorder à cette appréciation anonyme que nous avons lue sur un mur :

Trento Ipocrisia?

Pour ma part, j'aime mieux n'y voir qu'une boutade plus laconique que justifiée.

Après Trente, le chemin de fer continue de suivre le cours de l'Adige, dont la vallée fut, plus loin, le théâtre des succès de Bonaparte pendant sa première campagne en Italie, et des revers de Scherer en 1799. Elle est défendue par une suite de forts étagés, dans des positions très pittoresques, sur le flanc des montagnes. Quelques-uns sont d'anciens châteaux moyen-âge que l'on a transformés suivant les exigences de la fortification moderne, sans leur enlever toutefois leur aspect féodal.

A partir de Roveredo, la vallée prend définitivement le cachet italien : les champs sont séparés par des rangées d'arbres ou de pieds de vigne, et l'on commence à apercevoir les grands peupliers pointus et les arbres parasols que l'on trouve dans tous les paysages d'Italie. Arrivés à Mori, les voyageurs pour le lac de Garde quittent le chemin de fer et s'entassent dans la voiture qui va les conduire à Riva.

Mori est un grand village, avec une belle église romane qui est couronnée par un gros clocher flanqué de quatre tourelles. Les villages que nous traversons sont très curieux : leurs rues étroites, encore resserrées par de grands toits en saillie, passent sous de nombreuses arcades, comme si les maisons, ayant eu peur de tomber, avaient été chercher un appui sur celles qui leur font face. La route s'engage dans la montagne, dont elle gravit péniblement les pentes ardues ; arrivée au sommet, elle traverse un petit fort, et subitement, à un tournant du rocher, changement de décor : voici un tableau magique. A droite, tout au bord de la route, un abîme noir, énorme, effrayant, et devant soi la nappe brillante du lac de Garde éclairé par le plus splendide effet de lune que l'on puisse rêver. Je ne sais pas si j'ai jamais vu un spectacle plus saisissant et plus grandiose. Malheureusement, cela dure le temps d'une vision ; la voiture descend à toute vitesse, longe la pointe du lac et s'arrête à Riva, après avoir traversé de nouveaux ouvrages de fortifications ; car le gouvernement autrichien sait prendre ses précautions : le Trentin est bien tentant, les *irredenti* en ont grande envie, et l'alliance italienne peut ne pas toujours durer.

Il est difficile de trouver une ville placée dans une situation plus ravissante que Riva, entourée de rochers majestueux et construite au pied de montagnes élevées, souvent couronnées de neige. Son petit port, tout coquet avec sa ceinture de maisons à arcades, s'ouvre sur l'un des plus beaux lacs de l'Italie, où viennent se refléter la vieille tour de la Rocca et une caserne crénelée qui ne dépare pas le paysage, malgré la couche de peinture gris et jaune dont on l'a revêtue.

Riva et Peschiera, aux deux extrémités du lac de Garde, en sont les ports les plus importants. Les bateaux qui font le service entre ces deux villes sont italiens, depuis que l'Autriche ne possède plus que l'extrême pointe septentrionale du lac. — Embarquons-nous donc sous pavillon italien et voguons vers Peschiera. Notre *capitano* ressemble à un canotier, mais les eaux du lac sont du plus beau bleu, d'un bleu intense, invraisemblable et d'une limpidité telle que l'on n'aperçoit pas la ligne de floraison des bateaux, ce qui produit le plus singulier effet d'optique.

Le lac de Garde n'a pas moins de seize lieues de long ; depuis

Virgile, tout le monde s'est plu à lui faire une mauvaise réputation. On le représente comme étant sujet à de véritables tempêtes, et il paraît véritablement qu'il n'est pas toujours aussi calme que nous le voyons aujourd'hui. Le bateau longe d'abord des rochers imposants, dans lesquels on a taillé à une grande hauteur une route d'une hardiesse étonnante, puis il fait escale à Malcesine. C'est un vieux village avec un vénérable castel qui, depuis Charlemagne, est fièrement planté sur son rocher. Les rives du lac sont bordées de nombreux châteaux forts : quelques-uns, comme celui de Torri, disparaissent sous la vigne qui escalade sans respect leurs vieux créneaux, et les enveloppe de son feuillage toujours jeune. Les villages devant lesquels nous passons présentent la physionomie la plus curieuse. Ceux qui sont au bord du lac ont un petit port carré, entouré de bonnes vieilles maisons à arcades et percées de fenêtres en ogive ; le tout se détachant en tons chauds sur de hautes montagnes à teintes violacées. Ceux qui s'éparpillent sur le versant de ces montagnes sont entourés de longues rangées de piliers élevés, dont la blancheur tranche vigoureusement sur le feuillage et attire de loin l'attention. On cultive ici les citronniers en pleine terre, et ces piliers servent à supporter les toitures mobiles que l'on pose, à l'entrée de l'hiver, pour les protéger contre le froid. La culture du citronnier est même la principale richesse du pays, et on exporte tous les ans des millions de *limoni*, comme on les appelle, du nom du village de Limone devant lequel nous venons de passer.

Voici Garda, gros bourg dont le lac a pris le nom, et auprès duquel s'élève un grand château moderne avec des tours, des créneaux, des stores verts, des murs blancs et des briques rouges, dont l'assemblage disparate forme les couleurs du drapeau italien : c'est très patriotique, mais très laid. Quelle différence avec ce vieux village de Lazise, où le bateau fait une dernière station ; il est encore entouré de ses vieilles murailles crénelées, flanqué de nombreuses tours et couronné par un respectable donjon aux machicoulis toujours menaçants.

Peu à peu le lac s'est élargi, et le paysage entier, le ciel, l'eau, les montagnes, tout est noyé dans des tons bleus d'une douceur infinie, piqués par les grandes voiles jaunes et rouges de quelque barque de pêche. Insensiblement, les montagnes se sont abaissées ; ce ne sont plus que des collines qui viennent mourir dans la plaine lombarde, et le bateau aborde à Peschiera sur une rive plate défendue par de nombreux forts détachés.

Peschiera n'offre rien d'intéressant : c'est une des quatre places du fameux quadrilatère, et rien de plus ; aussi partons-nous pour Padoue, en brûlant la politesse à Vérone où nous aurons occasion de revenir. Constatons tout d'abord que la compagnie des chemins de fer lombards doit réaliser de fortes économies sur les uniformes de ses employés qui sont d'une malpropreté étonnante. Dans toutes les gares, des individus offrent d'une voix retentissante de l'*aqua frisca* à 5 centimes le verre, et, la chaleur aidant, la boisson chère au docteur Sangrado trouve de nombreux amateurs. Le pays que nous traversons paraît être d'une richesse peu commune; on dirait d'un immense jardin : chaque champ de maïs est entouré de mûriers autour desquels s'enlace la vigne, et ses rameaux, se rattachant à l'arbre le plus rapproché, forment une chaîne de feuillage qui se continue à l'infini.

C'est au milieu de cette campagne tout enguirlandée qu'apparaît la ville de Padoue.

Il semble que le pays a toujours eu beaucoup de séduction, car Padoue est une des plus anciennes villes que l'on connaisse, et il s'est trouvé des historiens pour faire remonter sa fondation au Troyen Antenor, frère de Priam. Quoi qu'il en soit de cette origine, Padoue, qui était déjà florissante sous les Romains, fut dévastée par les barbares. Ainsi que la plupart des villes lombardes, elle devint pendant le moyen-âge la proie des factions qui s'y disputaient le pouvoir, et finit par tomber aux mains de la Sérénissime République de Venise, qui, après avoir annexé son territoire, fit périr son dernier souverain dans un cachot : on était alors, au commencement du xve siècle, pour les procédés violents.

Malgré ces vicissitudes, la ville a gardé un cachet bien personnel, avec ses rues tout étroites, presque des ruelles, bordées de hautes maisons à arcades. Ces longues galeries s'entrecroisent en tous sens, et les piétons, trouvant là un abri contre la pluie en hiver et contre le soleil en été, ne mettent pas le pied dans la rue qui se trouve ainsi réservée aux voitures. Cette habitude contribue à donner à la ville son aspect calme et désert.

Le plus curieux des édifices civils de Padoue est le *Palazzo della Ragione*, auquel deux étages d'arcades profondes font une façade très majestueuse. Après avoir gravi le premier étage, on se trouve au niveau d'une cour intérieure, près de laquelle s'ouvre une salle gigantesque, la plus grande du monde peut-être. Elle n'a pas moins de trois cents pieds de long, cent pieds de large et cent pieds de haut, sans un pilier pour supporter sa voûte ogivale en bois ressemblant à la carcasse d'un vaisseau renversé. Tout est hors de proportion dans cette salle qui écrase singulièrement le visiteur, et on a l'air ridiculement petit auprès du cheval de bois géant qu'elle renferme entre autres curiosités. Cette fantaisie colossale doit rappeler le célèbre cheval de Troie, et se rattacher peut-être à la légende de la fondation de la ville.

Non loin de là, se trouve l'Université, dont le cloître est couvert de centaines d'écussons aux armes des étudiants qui prirent ici leurs grades académiques. L'Université de Padoue a joui, pendant tout le moyen-âge, d'une réputation telle qu'elle a compté, dit-on, jusqu'à dix-huit mille élèves. Ne serait-ce pas à cette célèbre Université que professait cette dame italienne qui faisait son cours en se tenant cachée derrière un rideau, pour ne pas distraire par sa grande beauté l'attention de ses élèves? Les lycées de jeunes filles vont peut-être faire revivre ce bon temps.

Les édifices religieux les plus importants de la ville sont les églises de Sainte-Justine et de Saint-Antoine de Padoue. Pour nous y rendre, longeons le *Prato della Valle*, petite promenade circulaire, entourée d'un fossé et formant comme une oasis de verdure au milieu d'une vaste place tout étincelante de soleil. A l'ombre de ses arbres, on a groupé une collection de statues destinées à perpétuer le souvenir de tous les grands hommes qui ont résidé à Padoue, ou qui y ont vu le jour. Parmi ces derniers, les Padouans s'honorent de compter Tite-Live, et celui-ci fut même l'objet d'une méprise assez amusante. Au XVᵉ siècle, des archéologues découvrirent en faisant des fouilles une sépulture romaine qu'ils déclarèrent être celle de l'illustre historien. Grande joie dans toute la ville : le Sénat se réunit et ordonna une procession solennelle pour porter en grande pompe le tombeau couronné de lauriers et de fleurs au *Palazzo della Ragione*, où on le voit encore de nos jours. Longtemps après, on s'aperçut de l'erreur, et il est aujourd'hui reconnu que ces cendres vénérées sont celles d'un modeste affranchi, nommé Marcus

Livius, qui ne s'était jamais attendu à pareil honneur. — Sainte-Justine est une construction de la Renaissance, couronnée de quatre grosses coupoles qui l'écrasent complètement. Sa façade en briques, qui devait évidemment recevoir un revêtement de marbre, est absolument nue, et son portail ressemble à une porte de grange. L'intérieur heureusement ne répond pas à ces dehors vulgaires : dès qu'on a soulevé la draperie qui ferme l'entrée des églises italiennes, on est frappé de l'élégance des proportions de l'édifice. Dans les transepts, on voit sous de vieilles grilles de fer les sarcophages vermoulus de saint Luc et de saint Mathieu; dans le chœur, chaque stalle est un véritable chef-d'œuvre de sculpture ; au-dessus du maître-autel qui renferme les reliques de sainte Justine, on admire un Paul Véronèse représentant le martyre de la sainte ; et, lorsque vous aurez vu la magnifique *Pieta* de Philippe Parodi, faites-vous conduire, en traversant les vastes dépendances de l'église, aux catacombes où les premiers chrétiens ensevelissaient leurs martyrs. C'est là que l'on a découvert les reliques de sainte Justine, et, en dehors même de toute idée religieuse, ces vieux souterrains humides sont assez curieux pour mériter une visite.

La basilique qui éclipse toutes les autres églises de la ville est Saint-Antoine de Padoue, que l'on appelle ici le Saint par excellence, *il Santo*. C'est un édifice colossal qui présente des spécimens de tous les styles et ne compte pas moins de sept coupoles ; c'est lourd, massif, imposant si l'on veut, mais que cela ne ressemble guère à nos belles cathédrales gothiques ! A côté de la basilique, s'élève la *scuola del santo*, petite construction du XVI siècle, qui rappelle par sa position aussi bien que par son style l'église du Saint-Sang de Bruges. Devant le portail, on a érigé, il y a quatre cents ans, une statue au général vénitien Gattamelata, magnifiquement campé sur son cheval de bataille, qui est posé dans une attitude semblable à celle du cheval géant du *Palazzo della Ragione* : le pied gauche de devant appuyé sur un boulet.

Saint Antoine, Portugais d'origine, quitta son pays pour aller convertir les infidèles de l'Afrique; jeté en Italie par une tempête, il enseigna, prêcha, écrivit pour la défense de la foi, et mourut, jeune encore, à Padoue, en 1231. Un an après, il était canonisé. Les Padouans, dès cette époque, lui vouèrent un véritable culte, et la preuve en est dans les trésors que renferme encore sa basilique, malgré les nombreuses guerres qui en ont diminué la richesse. Les chapelles tout éclatantes d'or, les statues, les bas-reliefs de bronze, s'entassent dans cette église, dont la décoration est complétée par quelques magnifiques monuments funèbres, entre autres celui de Gattamelata. Les armoiries qui ornent son sarcophage présentent une bizarrerie héraldique qui, dès le XVII⁰ siècle, était signalée dans les ouvrages traitant du blason : les tresses qui figurent dans ses armes servent aussi de lambrequins à l'écusson qui les porte. La plus grande curiosité de l'église est sans contredit la chapelle du Saint : ses reliques reposent sous un autel d'argent, de chaque côté s'élèvent les deux célèbres candélabres d'argent ciselé, soutenus par des groupes d'anges en marbre ; enfin, derrière l'autel, de grands bas-reliefs, œuvres des premiers artistes de l'Italie, représentent les principaux miracles du célèbre thaumaturge. Un jour, à Toulouse, saint Antoine discutait avec un hérétique la question de la présence réelle. « Je consentirai à y croire, lui « dit son interlocuteur à bout d'arguments, lorsque ma mule « abandonnera son râtelier pour aller adorer l'hostie. » Saint Antoine se mit en prières, puis, sur son ordre, la mule vint se prosterner devant le Saint-Sacrement. Ce miracle, rappelé par une ancienne sculpture, a été maintes fois représenté depuis ; je l'ai retrouvé notamment en France, sur un vieux vitrail de l'église Saint-Vincent de Rouen. La chapelle de saint Antoine resplendit de lumières, et chacune des grandes familles du pays a donné une lampe d'argent qui brûle éternellement en l'honneur du patron de la ville, dont la puissance est attestée par de nombreux ex-voto.

Tout cela est magnifique, sans aucun doute, mais, pour nos froides imaginations du Nord, ces richesses accumulées nuisent plus qu'elles ne contribuent à la majesté du lieu. Les églises transformées en musées perdent, je trouve, de leur grandeur, et jamais les splendeurs des églises italiennes ne produiront l'impression que l'on éprouve sous les voûtes sévères des cathédrales de Cologne ou de Reims. S'il est vrai, comme on l'a prétendu, que chez les peuples de l'Italie l'idée du beau soit toujours inséparable du respect, ils ont une singulière façon de le manifester. On circule dans les églises comme sur les places publiques, on y parle presque à haute voix, les femmes y apportent leur ouvrage, et bon nombre de fidèles s'y installent en été pour faire leur sieste au frais.

Il faut visiter encore à Padoue une petite église reculée, au bout d'une arène dont on ne voit plus guère que le tracé ; c'est la *Madona del Arena*, dont les murs sont entièrement couverts par les célèbres fresques du Giotto, qui mérita que l'on inscrivît sur son tombeau :

Ille ego sum per quem pictura extincta revixit.

J'aime à croire, pour la modestie de l'artiste, que ce ne fut pas lui qui rédigea son épitaphe ; quoi qu'il en soit, la plupart de ces fresques sont dans un état lamentable, mais la plus intéressante est suffisamment conservée pour qu'on puisse se rendre compte de la pensée grandiose qui a présidé à sa composition. Le Giotto a peint un immense jugement dernier, tel que le concevait le Dante qui fut son ami et aurait été, dit-on, son inspirateur.

Avant de quitter la ville, faisons-nous conduire à un palais dont les cochers de place connaissent bien le chemin, celui du comte Papafava dei Carraresi, descendant peut-être de cette illustre famille des Carrara, qui au moyen-âge régna sur Padoue. Il n'y a que l'Italie pour avoir des maisons particulières avec de somptueux escaliers de marbre, des salons à coupoles délicieusement décorés, et de longues galeries bordées de statues ; mais la principale curiosité du palais Papafava est un groupe du xviie siècle qui représente la chute des anges rebelles. C'est une grappe d'une cinquantaine de personnages accrochés les uns aux autres, et le *cicerone* a soin de faire remarquer que le sujet tout entier est taillé dans un seul bloc de marbre. S'il est vrai que cette œuvre ait coûté, comme on l'assure, plus de douze années de travail au sculpteur Augustin Fasolato, il s'est donné beaucoup de peine pour arriver à produire quelque chose de fort original sans doute, mais qui est un tour de force plutôt qu'un chef-d'œuvre.

Après une heure de chemin de fer, on trouve les premières lagunes qui ressemblent à de vastes prairies inondées, puis on ne tarde pas à apercevoir la mer, et derrière elle une grande ligne bleuâtre qui ferme l'horizon. Peu à peu, cette ligne s'accentue, les tours et les dômes des églises profilent leurs lourdes silhouettes, et le train finit par s'engager sur le fameux pont, le plus grand qui existe, qui relie Venise à la terre ferme. Ce pont, qui a près d'une lieue de longueur, ne fait aucun effet : le détroit

qu'il traverse a si peu de profondeur que nous avons vu des pêcheurs remorquer leurs barques en entrant dans l'eau qui leur
montait à peine jusqu'aux genoux. Le pont de Mœrdjick, en Hol-
lande, est bien autrement imposant : il n'a pas, à beaucoup près,
la longueur du grand pont de Venise, mais il est jeté sur un véritable bras de mer aux eaux profondes et terribles. On voit là une
grande difficulté vaincue; ici, on ne la soupçonne même pas.

Nous voici à Venise, Venise la belle, la cité des Doges, la
reine de l'Adriatique. Ce ne sont pas les titres pompeux qui lui
ont manqué, car aucune ville au monde n'a été plus chantée par
les poètes. Qui ne l'a vue en photographie ou en gravure,
et qui ne s'est représenté sa mer bleue, ses coupoles étin-
celantes et ses palais de marbre? Eh bien ! l'entrée de la
ville n'a rien de poétique : la gare, étroite et mal commode,
aboutit au Grand Canal, où des gondoliers, dont le costume ne
rappelle en rien ceux du théâtre, offrent à grands cris leurs services. Mais à peine est-on étendu sur les coussins d'une gondole
que l'on oublie vite ce premier mécompte : on descend le Grand-
Canal entre deux rangées de vieilles demeures, les églises et les
palais se succèdent, l'étonnement et l'admiration vont en gran-
dissant jusqu'au moment où on aborde à la *Piazzetta* qui touche
à la place Saint-Marc. Nous sommes au cœur de Venise.

Le rôle que cette ville a joué dans l'histoire est assez considérable pour que nous le rappelions en quelques mots. Tout le
monde connaît l'origine de Venise, bâtie par les habitants des cités
romaines de la haute Italie, qui, après avoir vu leurs villes dé-
vastées par les barbares, vinrent chercher un refuge dans ces
marais reculés. Dès le vii⁰ siècle, les descendants de ces pros-
crits sont de riches négociants, et leur ville était déjà florissante
lorsque se produisit le grand mouvement des Croisades. Les Vénitiens, marchands avant tout, y virent une affaire et réussirent
à en tirer tout le profit possible : la politique « des mains nettes »
n'était pas encore inventée. Il serait trop long de rappeler les
nombreuses guerres que la République eut à soutenir, pendant
tout le moyen-âge, contre ses voisins et contre Gênes, sa rivale,
dont les armées vinrent un jour débarquer aux portes de la ville.
Après de nombreuses alternatives de succès et de revers, Venise
finit par triompher, et, à la fin du xvᵉ siècle, à l'apogée de sa
grandeur, ses possessions comprenaient presque toute la Lombardie, le Frioul, l'Istrie, la Dalmatie, et son autorité s'étendait

jusque sur la Morée, Candie et l'île de Chypre. A cette époque
Venise était à la fois une puissance militaire de premier ordre et
le centre du commerce du monde entier; la découverte de l'Amé-
lique porta le premier coup à sa prospérité commerciale, et le
développement de la puissance turque en Europe fut la cause de
sa décadence politique. Pendant deux cents ans, elle lutta encore;
mais, à partir du xviii° siècle, elle se renferma daus ses possessions d'Italie, se désintéressant de toutes les questions qui divi-
saient le reste de l'Europe, et semblant attendre la mort qui vint
la frapper en 1797. Les troupes françaises occupèrent la ville, et
le traité de Campo-Formio consacra le démembrement de la République. Depuis quinze ans, Venise a été rendue à l'Italie,
mais ce qui restait de son commerce a suivi les Autrichiens à
Trieste, et aujourd'hui, sur une population d'environ 120.000
âmes, on prétend qu'il y a plus de 30.000 habitants assistés.

Que nous sommes loin des splendeurs de l'ancienne république vénitienne ! Au sommet de la hiérarchie venait le doge,
pour lequel on mettait en pratique la fameuse formule: « le roi
règne et ne gouverne pas », que le regime parlementaire devait
inventer plus tard. Le doge avait tous les honneurs, on l'appelait
« Votre Sérénité », on ne pouvait lui présenter les placets qu'à
genoux, seul il avait le droit de porter le *corno ducale* et la robe
de brocart d'or. Il trônait avec la pompe d'un souverain asiatique
dans toutes les fêtes publiques, aux processions solennelles qu'il
devait faire à certaines époques de l'année, et, le jour de
l'Ascension, lorsque, du haut du *Bucentaure*, il célébrait son mariage avec la mer en lui jetant l'anneau des fiançailles. Mais, à
côté de tous ces honneurs, le doge était étroitement surveillé : il
ne pouvait accepter certains présents, s'absenter sans permission,
ni même décacheter une lettre hors de la présence de certains
magistrats. L'étiquette avait prévu les moindres actes de sa vie,
et elle s'imposait à lui jusque dans son cercueil : il mourait en cérémonie, et l'ordre de ses funérailles était réglé à l'avance.

La véritable souveraineté appartenait au *Grand Conseil*, c'est-
à-dire à l'assemblée des patriciens inscrits au *Livre d'Or*. Ces patriciens pouvaient exercer le commerce sans déroger, ce qui n'em-
pêchait pas leur ordre d'être assez illustre pour que des papes et
des souverains aient sollicité, quelquefois même vainement,
l'honneur d'en faire partie. Notre roi Henri IV y fut admis, et
son armure, dont il fit à cette occasion présent à la République,

est encore là pour témoigner de sa reconnaissance. Ces « princes marchands », comme on les appelait, étaient de fort grands seigneurs; ils déployaient un faste inouï, et on avait vu l'un d'eux préférer son titre de patricien de Venise à celui d'empereur d'Orient. Le Grand-Conseil se composait de douze cents membres qui désignaient quelques-uns d'entre eux pour former la *Seigneurie* chargée de l'administration, la *Quarantie* qui rendait la justice, et enfin le *Conseil des Dix* qui veillait à la sûreté de la République. Chacun sait la terreur inspirée par ce conseil fameux qui déléguait trois de ses membres pour être *Inquisiteurs d'état :* ils recevaient les dénonciations même anonymes, le jour et le lieu de leurs séances étaient secrets, leurs noms même n'étaient pas connus. Tout était mystérieux dans ce terrible tribunal, qui n'avait pas hésité à faire tomber la tête d'un doge illustre comme Marino Faliero, ou celle d'un général victorieux comme Carmagnola, soupçonnés de vouloir substituer leur autorité à celle du Grand-Conseil.

Voilà ce qu'était Venise : il faut en la visitant se rappeler ce qu'elle fut et oublier ce qu'elle est. La vie se concentre sur la place Saint-Marc, qui est, à vrai dire, la seule place de la ville. Entourée des *Procuratie*, vieux édifices en marbre qui semblent ne former qu'un seul et immense palais, fermée d'un autre côté par l'église Saint-Marc et le palais des Doges, cette place, jointe à la *Piazzetta*, qui donne directement sur la mer, offre un coup d'œil dont rien ne peut donner une idée. Par une belle soirée d'été, le spectacle est féerique : la lune fait scintiller les coupoles de Saint-Marc et accentue les sculptures en accusant durement les reliefs et les ombres; la place, entourée de tables et de chaises sorties des cafés voisins, devient le rendez-vous de toute la ville, la musique se fait entendre, et rien n'est gracieux comme cette foule de femmes qui jouent à ravir de l'éventail sous leur mantille noire et parmi lesquelles se détache la toilette éclatante de quelque belle marchande de bouquets en costume napolitain.

La basilique de Saint-Marc n'est pas une église d'Europe, c'est un temple oriental. Sa façade, décorée de mosaïques, est formée de colonnes de ce précieux *verde antico* si recherché. A l'intérieur, l'édifice entier, voûte, murs, piliers, tout est tapissé de grandes mosaïques à fond d'or, dont le Tintoret et le Titien ont dessiné les cartons; puis, ce sont des bronzes, des marbres précieux, des colonnes d'albâtre transparent, et partout ce fond vieil or des mosaïques qui a fait appeler Saint-Marc la *Chiesa aurea*. Saint-Marc a été construit avec les trophées que les Vénitiens rapportaient de leurs guerres lointaines, c'est une sorte de musée national dont chaque splendeur rappelle une victoire. Les quatre colonnes d'albâtre qui, si l'on en croit la tradition, proviendraient du temple de Salomon, ont été rapportées de Saint-Jean-d'Acre, en 1191, et c'est la prise de Constantinople qui a livré au doge Dandolo les marbres sculptés de Sainte-Sophie et les quatre fameux chevaux de bronze doré dont les nombreuses vicissitudes méritent d'être rapportées. Après avoir orné, à Rome, l'arc de Néron, puis celui de Trajan, ils furent transférés à Constantinople, emportés plus tard à Venise, ensuite envoyés par Bonaparte à Paris où ils figurèrent pendant quinze ans sur l'arc de triomphe du Carrousel, et enfin rendus à Saint-Marc où ils sont venus reprendre leur place au-dessus du portail. Il est dans la destinée du célèbre quadrige de faire de longs voyages ; qui sait s'il est arrivé au terme de ses pérégrinations ?

Les arceaux de la basilique servent de refuge à une multitude de pigeons qui sont nourris aux frais de la ville. Ce sont les descendants des pigeons-voyageurs dont les services furent si utiles au doge Dandolo, en 1204, lors du siège de Candie.

Sur la place, devant Saint-Marc, s'élève le *Campanile* et se dressent les trois mâts vénitiens qui supportaient les étendards des trois royaumes conquis par la République : Morée, Chypre et Candie. Le *Campanile* est le clocher de Saint-Marc : c'est une haute tour carrée, entièrement isolée, au sommet de laquelle on parvient au moyen d'une rampe dont chaque coin a été utilisé d'une façon ingénieuse, mais qui respecte aussi peu le monument que l'odorat de ceux qui le visitent. Du haut de cette tour, on découvre une vue magnifique sur la mer, les lagunes et la ville qui semble flotter au-dessus des flots. Je doute cependant que la beauté du spectacle ait été vivement goûtée par les malheureux qui furent condamnés à la *Chebba*. Voici en quoi consistait ce supplice, qui fut en usage jusqu'au xvi siècle : lorsqu'un clerc avait été condamné par le tribunal ecclésiastique, on l'enfermait dans une véritable cage en bois, appelée *chebba*, puis on le hissait jusqu'à mi-hauteur du *Campanile*, et il restait ainsi suspendu entre le ciel et la terre jusqu'à ce que la mort vînt le délivrer.

De même que Saint-Marc, le palais des Doges présente un mélange harmonieux de style gothique et d'architecture arabe ;

sa grande façade en briques, rayée en losanges et percée de quelques grandes fenêtres irrégulières, fait ressortir la richesse incroyable des deux étages d'arceaux en ogive qui la supportent. Le temps, en noircissant le marbre de ces galeries, a ménagé la blancheur des reliefs et donné aux sculptures une profondeur et une puissance que je n'ai rencontrées nulle part ailleurs. Le palais des Doges est un de ces monuments qui ne se décrivent pas : comment voulez-vous rendre, en style froid et mesuré, la richesse inouïe de ces salles dont les plafonds et les murs ont été peints par Paul Véronèse ou par le Tintoret, et dont les sculptures dorée, répandues à profusion, ont acquis sous l'action des siècles une patine que l'on essaierait en vain d'imiter? Ce palais dit bien ce qu'était Venise : le magnifique y coudoie l'horrible, la plus fastueuse des demeures contient aussi des cachots atroces, et l'écho des fêtes n'avait pas à traverser le pont de Soupirs pour arriver aux oreilles des prisonniers qui étouffaient sous les *plombs* ou grelottaient au fond des *pozzi*. On suit pas à pas l'histoire de Venise, en parcourant ce palais encore tout plein de ses souvenirs, lorsqu'on monte l'*Escalier d'or* que les patriciens inscrits au *Livre d'Or* avaient seuls le droit de gravir, ou lorsqu'on admire cette fameuse salle du Grand-Conseil, dont les tableaux, signés des plus grands noms de l'école vénitienne, rappellent les victoires de la République. Le fond de la salle est occupé par la plus grande toile qui ait jamais été peinte; elle représente le Paradis : c'est une composition immense, qui comprend des milliers de personnages et fait honneur à l'imagination du Tintoret. La frise est ornée des portraits de tous les doges; il n'en manque qu'un seul, et, à la place qu'il devrait occuper, on lit sur un tableau noir:

HIC EST LOCUS

MARINI FALIERI

DECAPITATI PRO CRIMINIBUS

Marino Falieri avait été élu doge à 76 ans ; il était marié à une jeune femme dont il se montrait naturellement fort jaloux. Aussi un jeune patricien, du nom de Steno, s'étant amusé à écrire sur le mur du Palais Ducal une inscription qui dévoilait les infortunes conjugales de Falieri, celui-ci le fit traduire devant le *Conseil des Quarante*. Steno, qui en faisait partie, fut condamné à une peine si légère que le doge furieux complota pour se venger le renversement du Grand-Conseil et le massacre des patriciens. Ceux-ci prirent les devants, et Falieri paya de sa tête un projet qui servait à la fois sa vengeance et son ambition : il fut décapité, le 17 avril 1355, à l'âge de soixante-dix-sept ans, sur les marches mêmes de son palais.

Habituellement les exécutions publiques se faisaient, soit entre les deux piliers de justice dressés devant la porte du palais Ducal, soit entre les colonnes qui s'élèvent au bord de la lagune. L'une est couronnée du lion de Saint-Marc, l'autre de la statue de saint Théodore monté sur un crocodile. Saint Théodore était à l'origine le patron et le gonfalonnier de la République, mais, au ixe siècle, elle l'abondonna pour se placer sous la protection de saint Marc, dont les reliques venaient d'être transférées à Venise. Le procédé était un peu leste : pour l'excuser, les Vénitiens prétextèrent que saint Théodore et son crocodile ressemblaient trop à saint Georges terrassant le dragon, or saint Georges était le patron de leurs ennemis les Génois. Enfin pou-concilier les choses, le Grand-Conseil fit publier une déclaration, dont l'historien Sansovino nous a conservé le texte, et d'après laquelle Venise demeurait sous la haute protection de saint Théodore, bien que placée sous le protectorat de saint Marc. C'était une faible compensation pour saint Théodore, réduit ainsi au rôle de patron honoraire ; il dut cependant s'en contenter, et, après avoir vu le lion ailé de son concurrent devenir l'emblème de la République, il est tombé dans un oubli tel que c'est à peine si aujourd'hui, parmi les quatre-vingt-dix églises que compte la ville, il en existe une qui lui soit dédiée.

La plupart des églises de Venise sont d'une grande richesse, et il serait trop long d'énumérer tous les chefs-d'œuvre de peinture et de sculpture qu'elles renferment. Trois d'entre elles méritent cependant une mention spéciale : l'église des saints Jean et Paul, celle des Frères et celle du Rédempteur.

S. Giovanni e Paolo ou par élision *San Zanipolo*, comme on 'appelle vulgairement, passe pour être l'œuvre d'un modeste moine, dont le nom ne nous est pas parvenu. Les doges y sont enterrés, et une république aussi magnifique que l'était celle de Venise ne pouvait pas faire moins que leur élever des mausolées fastueux. Pour en donner une idée, il suffit de citer celui du doge Pierre Mocenigo, qui est orné de quinze statues. Ce que l'église possédait de plus précieux, c'était la chapelle du Rosaire, construite par ordre du Grand-Conseil pour remercier le ciel de la victoire de Lépante, remportée, en 1571, par les flottes de la chrétienté sur celles du sultan. Cette chapelle, décorée par le Titien et le Tintoret, renfermait des sculptures sur bois et des hauts-reliefs de marbre qui devaient avoir une grande valeur, si l'on peut en juger par ce qu'il en reste ; car aujourd'hui ce ne sont plus que des ruines : en 1867, un incendie a détruit toutes ces merveilles, et la chapelle est demeurée dans l'état où les flammes l'ont laissée.

Si l'église des saints Jean et Paul est le Saint-Denis de Venise, celle des Frères en est le Panthéon. Comme elle, elle renferme un grand nombre de monuments funèbres, les uns supportés par des cariatides, les autres surmontés de statues équestres. Le plus remarquable est celui du Titien. De son vivant, le Titien parvint à la gloire, il fut comblé de biens et d'honneurs par Charles-Quint, et son corps repose sous un mausolée plus beau que celui d'un doge. Je le préfère de beaucoup à celui du sculpteur Canova qui lui fait face; c'est Canova cependant qui l'avait dessiné lui-même pour le Titien, et on a cru lui rendre un dernier hommage en l'ensevelissant dans le tombeau qu'il avait destiné à un mort aussi illustre.

Après deux églises gothiques, nous voici dans celle du Rédempteur, qui est du xvie siècle et dont les connaisseurs font paraît-il, beaucoup de cas. C'est la chapelle d'un couvent de Franciscains, chez lesquels le goût artistique ne semble pas très développé, car ils ont eu l'idée invraisemblable de garnir les niches de leur église de saints en carton, peints en trompe-l'œil et découpés à jour. Ils ont eu néanmoins le bon esprit de conserver quelques œuvres de maîtres : un magnifique Christ de Campagna orne le maître-autel avec des bas-reliefs de Massa, et dans la sacristie on admire les trois fameuses madones de Bellini qui permettent de suivre les trois manières successives de cet artiste, dont la plus grande gloire est d'avoir été le maître du Titien. Pénétrons avec le sacristain dans l'intérieur du couvent; il nous montrera quelques beaux tableaux, et nous fera visiter les cellules qui manquent absolument de bien-être : le lit se compose d'une caisse en bois avec une paillasse jetée par terre, et les Franciscains ne peuvent oublier le précepte fondamental de leur ordre, *Silentium*, qui est répété sur tous les murs.

Il ne faut pas croire qu'avec des églises contenant tant d'œuvres d'art, les musées ne méritent pas une visite. L'*Accademia* se compose en grande partie de toiles de l'école vénitienne, mais cette école a été si féconde que peu de musées en Europe peuvent rivaliser avec celui-ci. Malheureusement, on a souvent sacrifié la lumière des tableaux à la symétrie des salles ; c'est ainsi que la fameuse *Assomption*, l'une des œuvres capitales du Titien, est placée à contre-jour.

En face de l'*Accademia* débouche l'un des trois ponts jetés sur le Grand-Canal et dont le plus célèbre est celui du *Rialto*, qui est presqu'aussi connu que le pont des Soupirs, de tragique mémoire, couloir sombre et mystérieux qui relie à une grande hauteur les étages supérieurs des prisons à ceux du palais des Doges. Le pont du *Rialto* fut, pendant sept cents ans, la seule voie de communication entre les deux rives du Grand-Canal. Le pont actuel est du xvie siècle, c'est le quatrième construit au même endroit ; il est bordé de deux rangées de boutiques qui passaient autrefois pour les plus élégantes de Venise, mais il en est de leur réputation comme de celle du pont du *Rialto* lui-même, qui était considéré jadis comme une merveille, parce que son arche avait 70 pieds d'ouverture. Les cent dix-sept îles sur lesquelles Venise est bâtie sont reliées entre elles par près de quatre cents ponts ; les plus anciens, ornés de sculptures, sont en pierre ou en marbre ; quant à ceux que l'on construit de nos jours, plus modestes que leurs aînés, ils sont tout bonnement en fonte. C'est très économique, mais, dans une ville comme Venise, cela fait un effet d'autant plus choquant que les moindres objets ont ici un cachet artistique ; j'ai bien vu des boîtes de cireurs de bottes qui étaient couvertes de riches sculptures.

Combien de fois n'a-t-on pas dit que la réputation de Venise était usurpée, qu'on la chantait par tradition, et que ses lagunes étaient trop infectes pour ne pas tuer toute poésie. Il y a du vrai dans ce reproche, bien qu'aucun de ses canaux ne sente aussi mauvais que ceux de Leyde ou d'Amsterdam. La plupart n'ont pas de quai, et les maisons, qui ont souvent l'air de prisons avec leurs petites fenêtres toutes bardées de fer, viennent directement se baigner dans leurs eaux troubles. Leur entrée principale est une porte d'eau élevée de quelques degrés, car la marée, contrairement à ce que l'on croit généralement, fait monter le niveau des lagunes d'environ 70 centimètres.

Le Grand-Canal qui serpente dans la ville sur une longueur de près d'une lieue est l'artère principale de Venise ; tous les vieux palais de l'aristocratie vénitienne ont été construits sur ses rives, et leurs portes sont encore protégées par de gros pieux, peints aux couleurs des propriétaires, et qui, après avoir servi très bourgeoisement à attacher les gondoles, étaient devenus un insigne et une prérogative nobiliaires. Deux de ces palais sont particulièrement remarquables : la *Cà d'Oro*, par son élégante façade gothique dans le goût de celle du palais des Doges, et le palais Vandramin qu'il faut visiter si l'on veut avoir une idée du faste que déployaient les anciens patriciens. La Renaissance n'a rien produit de plus majestueux que cette large façade, et si vous parcourez les appartements, négligez le mobilier qui est en général d'assez mauvais style et peu en rapport avec la splendeur de l'édifice, mais réservez votre attention pour les vieux cuirs de Venise, aussi beaux que ceux de Cordoue, les plafonds délicieusement décorés et la galerie qui renferme, entr'autres toiles de prix, des portraits de la Maison de France. Ce sont des souvenirs de famille pour le maître-actuel du palais Vandramin : nous avons l'honneur d'être chez Monseigneur le comte de Chambord.

Beaucoup de ces palais sont abandonnés aujourd'hui, d'autres sont tombés plus bas encore : des magasins y sont installés. Un grand silence plane sur ces demeures désertes, et le calme de la ville frappe tous les étrangers à leur arrivée à Venise. Jamais on n'entend le pas d'un cheval ou le roulement d'une voiture, la gondole est le fiacre, comme la barque est l'omnibus de cette cité extraordinaire où le canal tient lieu de rue. C'est en gondole que les noces se rendent à l'église et que les convois funèbres se dirigent vers l'île du *Campo santo*. Tout le monde connaît la forme allongée des gondoles et le fer en cou de cygne qui s'élève gracieusement à leur proue; c'est une loi du xvᵉ siècle, rendue pour prévenir les rivalités de couleurs entre patriciens, qui a ordonné de les peindre toutes en noir et de recouvrir leur cabine d'un drap de même couleur. Le gondolier, debout à l'arrière, est muni d'une longue rame dont il se sert avec beaucoup d'adresse, car, dans ces canaux étroits qui se croisent en tous sens et forment un véritable dédale, jamais il n'y a de rencontre ou de choc. Près de chaque tournant, le gondolier pousse un cri d'avertissement : « *Gia è !* », puis il indique par un autre cri le côté qu'il va prendre : ce sont les seuls bruits que l'on entende

sur ces canaux silencieux. Dès qu'une gondole se dispose à
aborder, un officieux muni d'un bâton à crochet assez semblable
à celui de nos chiffonniers, s'approche le chapeau à la main,
maintient l'embarcation et vous aide galamment à descendre ; avec
quelques centimes vous vous débarrassez de ses assiduités. Malgré
la modicité du salaire, le métier semble assez bon : quelquefois
plusieurs officieux se disputent l'honneur de vous aider à débarquer, et il en est même dont le bâton est une véritable œuvre
d'art, transmise dans la famille depuis des siècles peut-être, car
il est orné de sculptures et de gros clous semblables à ceux qui
ornent la hampe des vieilles pertuisanes.

On peut dire qu'à Venise il n'y a pas de rues ; celles qu'on décore de ce nom sont des ruelles étroites, et la *Merceria*, la voie la
plus fréquentée de la ville, n'a pas la largeur d'un trottoir de
boulevard. La circulation y est assez active pour laisser croire
que Venise est demeurée le rendez-vous des étrangers, et les
costumes sont assez variés pour que le Vénitien ne prête plus la
moindre attention à la toilette la plus extravagante. Le prêtre
grec, coiffé d'une toque et vêtu d'une robe d'avocat dont l'épo-
mide est de couleur lie de vin, y croise le pêcheur au fez rouge,
à la veste blanche et au type oriental ; le marchand d'eau douce
éclabousse les passants, et les domestiques de la cour en livrée
écarlate avec la culotte courte en satin gros-bleu y coudoient
des individus en caleçon de bain qui vont se plonger dans l'eau
bourbeuse du canal le plus rapproché ; car le peuple ne se donne
pas la peine d'aller au *Lido* pour trouver une eau propre.

Le *Lido* est un des passages qui relient les lagunes à la pleine
mer. Pendant l'été, un bateau à vapeur part, toutes les heures,
de la *Piazzetta* et conduit à proximité de l'établissement des
bains, mais que ceux-ci ressemblent peu à ceux de l'Océan ! Ici,
ni plages ni vagues : ce ne sont pas des bains de mer, ce sont des
bains de rivière salée.

Voilà Venise : ce n'est pas en quelques jours qu'on peut la
connaître, il faudrait pour cela des mois entiers. Le temps de
la splendeur et des fêtes est passé pour elle ; aujourd'hui, il n'est
plus question des mariages des Doges, ou de ces *regates* fameuses,
fêtes essentiellement nationales qui attiraient au moyen-âge une
foule d'étrangers. Le carnaval de Venise, lui-même, est bien
mort : on l'a enseveli dans le dernier manteau vénitien. De loin
en loin, on essaie de donner encore quelque fête de nuit sur le

Grand-Canal ; j'ai voulu assister à l'une d'elles, c'était misérable. Aussi vaut-il mieux voir l'ancienne Venise sous la Venise actuelle ; on emporte en la quittant l'impression de tristesse que laissent toujours les ruines, et ce retour vers le passé comparé au présent amène à constater qu'elle n'a pas encore trouvé le régime qui doit la relever. Venise réduite au rôle obscur de chef-lieu de département : n'est-ce pas là le secret de sa décadence ?

C'est dans la région comprise entre Venise et Vérone que Napoléon Ier a pris une partie des fiefs dont il s'est plu à doter ses lieutenants, en les décorant de titres trop pompeux pour ne pas être un peu ridicules. Comment ne pas se rappeler, en entendant traiter sérieusement quelqu'un de duc de Vicence ou de duc de Padoue, que les familles qui régnaient anciennement sur ces villes se contentaient de la qualification seigneuriale ?

Vérone fut gouvernée par la plus illustre d'entre elles, celle des Scaligeri, ou La Scala, dont le nom, éteint depuis cinq cents ans, est demeuré attaché à l'histoire de la ville. Celle-ci a conservé dans ses monuments l'empreinte des trois grandes périodes de son existence : l'*Arena* témoigne de sa splendeur au temps des Romains, les Barbares la dévastent, mais Théodoric la relève en en faisant sa capitale, il construit les remparts qui ont conservé son nom et montrent toujours leur longue silhouette, hérissée de créneaux et coupée de hautes tours carrées. Au moyen-âge, nous trouvons Vérone mêlée aux luttes des cités lombardes contre les empereurs, puis elle finit par tomber sous la domination vénitienne, après avoir été gouvernée, pendant plus d'un siècle, par la famille della Scala, qui lui laissa ses magnifiques monuments funèbres en témoignage de son faste princier. Ces podestats étaient des seigneurs peu scrupuleux, ils ne reculaient pas devant un crime pour satisfaire leur ambition, et, comme s'ils se fussent attendus eux-mêmes à une fin tragique, ils se faisaient construire de leur vivant ces merveilleux tombeaux que nous admirons aujourd'hui. Ils élèvent en plein air, devant la porte d'une église, leurs clochetons gothiques, couronnés de statues équestres, couverts de riches sculptures et entourés d'une grille flexible, véritable bijou de serrurerie, dont les anneaux s'enlacent sans être rivés l'un à l'autre.

La vie d'un homme tenait peu de place, à cette époque sanglante où l'Italie presque tout entière était partagée en Guelfes

et Gibelins. Ceux-ci tenaient pour le pape, ceux là pour l'Empereur, « et ces diuisions, dit un vieil auteur, allèrent si auant
« que, sans s'arrester à la distinction des armoiries que les vns
« portoient d'vne couleur, les autres d'vne autre ;... ils se dis-
« tinguerent par leurs habits, par leur marcher, par la mine, et
« par les mouvemens des doigts. Les Guelphes mettoiênt leurs
« cousteaux et leurs cueillers d'vne manière sur table, les Gibe-
« lins d'vne autre, les vns coupoient les fruits en long, les autres
« en large, etc. »

Les La Scala étaient gibelins : comme tels, ils couronnaient
l'échelle, la *scala* de leurs armes parlantes, d'un cimier orné des
ailes de l'aigle impériale. Trois d'entre eux périrent assassinés, le
premier par les Guelfes et les deux autres de la main de leur
propre frère.

C'est la rivalité entre Guelfes et Gibelins qui armait les uns
contre les autres ces Montecchi et ces Capelletti fameux, dont
nous avons tristement francisé les noms en Montaigu et Capulet.
Chacun connaît l'histoire de leur querelle séculaire, traversée
par les amours de Roméo et de Juliette qui ont fourni le sujet de
la tragédie de Shakspeare et de l'opéra de Bellini. Les évène-
ments qui les ont inspirés paraissent s'être passés réellement à
Vérone, dans les premières années du xive siècle, et les étrangers qui ont l'âme sensible peuvent se faire conduire à la *tomba
di Giulietta*. Au fond d'une ancienne chapelle, prosaïquement
occupée par le train des équipages militaires, on leur montrera
moyennant vingt-cinq centimes une sorte d'auge en pierre ; si
l'on en croit la tradition, c'est le tombeau dans lequel Juliette
fut ensevelie pendant son sommeil ; c'est là que Roméo, la
croyant morte, s'est empoisonné, et que Juliette à son réveil,
trouvant à ses côtés le cadavre de son amant, s'est tuée à
son tour. — Vérone possède encore un autre souvenir de
Giulietta Capelletti, et, en suivant la rue Saint-Sébastien,
on passe devant la maison de sa famille, encore décorée du
chapeau qu'elle portait dans ses armes : c'est aujourd'hui un
cabaret.

Faut-il parler du *palazzo del Consiglio* qui s'élève sur la
piazza dei Signori, le *forum* de Vérone au moyen-âge ? Les
statues qui le décorent rappellent que nous sommes dans la
patrie de Cornelius Nepos, de Catulle, et que le Dante, proscrit,
reçut ici l'hospitalité du plus illustre des La Scala, Cane le

Grand, que le poète n'a pas oublié dans sa *Divine Comédie* (1).

Leur palais, vénérable caserne, commande le passage d'un vieux pont en briques qui remonte au XIVᵉ siècle. Il a l'air très martial, ce *ponte di Castello*, avec ses créneaux entaillés à la lombarde et ses piles s'élevant en forme de tours. Sa destination est restée en rapport avec cet appareil militaire, car il relie l'Arsenal au quartier des *Bersaglieri*.

Le *bersagliere* est le zouave de l'armée italienne ; en petite tenue il porte comme lui le fez rouge, mais sa coiffure traditionnelle est un chapeau à larges bords, orné d'une grosse touffe de plumes de coq ; il l'incline crânement sur l'oreille, et ça lui donne un petit air de brigand calabrais qui ne lui messied pas du tout. Au reste, l'armée italienne est très bien tenue, et ses uniformes étaient assez élégants pour que l'on ait pu se dispenser de surcharger les officiers de galons, d'épaulettes, de torsades et d'écharpes, avec une profusion dont on peut contester le goût.

Le *Castel-Vecchio* est sur le chemin de Saint-Zénon, la plus ancienne et la plus belle église de Vérone. C'est un sombre édifice roman, et les curieux bas-reliefs, les plaques de bronze qui en décorent l'entrée doivent remonter à une haute antiquité, si l'on en juge par la grossièreté de leur travail. Les colonnes du portail reposent sur les deux lions couchés que nous avons déjà remarqués dans certaines églises du Tyrol, et que nous allons retrouver, transformés en griffons, à l'entrée de la cathédrale. De chaque côté de l'église se dresse une tour : l'une, svelte et élancée, est le clocher de Saint-Zénon ; l'autre, qui semble faire également partie de l'édifice, est une ancienne tour de rempart, massive et crénelée. A l'intérieur, le chœur avance presque jusqu'au milieu de l'église, et tandis qu'un large escalier le gravit, un autre descend dans la vaste crypte que soutiennent quarante piliers. Dans le chœur, s'élève une vieille statue de saint Zénon, qui fut évêque de Vérone, et qui est à la fois le patron de l'église et celui des pêcheurs, comme le prouve le poisson d'argent suspendu à sa crosse épiscopale. Tout cela est vaste, désert, sinistre presque ; il y a quelque chose des sombres légendes des rois lombards dans cette église, où la statue de saint Zénon elle-même vous regarde avec un mauvais sourire.

---

(1) *Le Paradis*, chant XVII.

Tout autre est la cathédrale : son vieux cloître en marbre rouge est trop surbaissé, et l'on a trop badigeonné sa nef gothique, mais son portail est du plus beau roman, et les deux guerriers embusqués derrière les griffons qui en défendent le seuil passent pour représenter Rolland et Olivier, les deux valeureux paladins venus avec Charlemagne à la conquête de la Lombardie. C'est dans la cathédrale sans doute que se disait cette fameuse messe des ânes, mystérieuse cérémonie du moyen-âge instituée à Vérone, en l'honneur de l'ânesse de Bethphagé qui s'y serait réfugiée, après avoir servi de monture à la sainte Vierge pendant la fuite en Egypte, puis à Notre-Seigneur lors de son entrée à Jérusalem, le jour des Rameaux. A cette fête figurait un âne auquel on récitait une sorte de litanie, avec un refrain dont la traduction nous a été conservée par du Cange :

> Lez, sire asne, car chantez
> Belle bouche rechignez,
> On aura du foin assez
> Et de l'auoine à plantez.

Derrière la cathédrale, on voit se dresser sur une éminence une grande construction moderne, élevée sur les ruines du manoir des podestats ; c'est le *castello San Pietro*, une caserne sous les dehors d'un palais. — L'élément militaire tient une grande place à Vérone : le traité de Lunéville avait stipulé que la ville serait démantelée, mais les Autrichiens ne se sont pas contentés de restaurer les vieux créneaux de Théodoric et de San-Micheli, ils ont construit des forts détachés que les Italiens ont complétés, et la ville est aujourd'hui une forteresse de premier ordre, dont l'entretien figure pour une somme de deux millions de francs dans le projet de dépenses militaires extraordinaires, pour la période 1882-1886. Vérone reste ainsi dans son rôle : pendant tout le moyen âge, la guerre civile et la guerre étrangère ont ensanglanté ses rues ; finir bourgeoisement en ville ouverte serait pour elle une dérogeance. Elle a gardé son grand air d'autrefois, ses larges rues sont en partie dallées, et l'Adige, descendue des montagnes du Tyrol, quitte ses allures de torrent pour traverser la ville entre deux rangées de moulins, montés sur bateaux et amarrés le long de ses rives.

Le *Corso* est bordé des vieux palais de l'aristocratie véronaise ; quelques-uns sont dans un état de délabrement qui fait pitié, mais

un des plus remarquables, le palais Canossa, est assez bien
conservé, pour qu'on puisse juger de ce qu'étaient les autres.
Des chiens tenant un os entre les dents se poursuivent le
long de sa frise; ce sont les armes parlantes des marquis
Canossa, dont la race doit subsister tant que ces chiens
n'auront pas dévoré leur os, si l'on en croit le dicton véronais :

> Quando quel cane avrà mangiato quel' ossa
> Non saranno più Canossa.

Le *Corso* passe sous la *porta de' Borsari*, arc de triomphe
élevé, en l'an 265, par l'empereur Gallien, et dont certains
archéologues font maintenant une ancienne porte de la ville. Un
autre arc plus moderne et plus modeste aussi, malgré son double
portique crénelé, ferme un côté de la plus grande place de Vérone,
la *piazza Bra*, qui est entourée de quelques vieilles maisons à
arcades et de deux grands bâtiments. L'un d'eux est, je crois,
l'hôtel de ville; devant l'entrée, un pompier est en faction, la hache
sur l'épaule, dans une attitude beaucoup plus militaire que celle
de nos braves sapeurs-pompiers de province dont le plus grand
bonheur est de jouer au soldat avec de vieux fusils à piston.

Au centre de la *piazza Bra* s'élèvent les fameuses arènes,
construites il y a seize cents ans par Dioclétien : c'est un
immense cirque ovale entouré d'arcades, ses murs n'ont pas moins
de cent pieds de hauteur, il a près de cinq cents mètres de cir-
conférence, et 25,000 spectateurs pouvaient s'y asseoir; les *vomi-
toires* leur permettaient d'entrer et de sortir en quelques instants,
mais ils sont d'une simplicité trop grande sans doute pour les
architectes de nos théâtres. Les arènes étaient jadis entourées
d'un mur couronné d'un portique ; au xiie siècle, un tremblement
de terre en a renversé la plus grande partie. Un *cicerone* patenté
montre les coulisses de ce grand théâtre, les cages des bêtes
féroces, les cachots des chrétiens condamnés aux bêtes et la
loge des gladiateurs. Aujourd'hui il n'y a plus ni gladiateurs ni
bêtes féroces ; on ne fait plus dévorer de chrétiens, on se contente de les expulser, et, le jour où nous avons visité les arènes,
un aéronaute nommé « Monsieur Blondeau » allait y donner une
représentation. Aussi, nous enfuyons-nous jusqu'à Milan, où
nous arrivons après être passés dans les plaines de Solferino,

après avoir revu les eaux bleues du lac de Garde, et traversé
Brescia l'*Armata*, couronnée des ruines de son vieux château.

Milan est un grand quartier de Paris sous un ciel italien. Ses
larges rues très animées, bordées de beaux magasins, sont
sillonnées de tramways, d'omnibus et de voitures roulant, sans
bruit et sans cahot, sur les grandes dalles qui forment des allées
au milieu de la chaussée. — A chaque coin de rue stationne un
sergent de ville mis comme un *clergyman* : chapeau de haute
forme, longue redingote noire, gants noirs et cravate blanche;
à la main, une canne à pomme d'argent.

Milan la Grande, comme on l'appelle, remonte à une haute
antiquité, mais, bien qu'elle fût déjà considérable avant la conquête romaine, elle ne possède aucun monument de cette époque,
car au moyen âge, s'étant mise à la tête de la ligue lombarde,
elle devint l'âme du parti guelfe, et en 1162 Frédéric-Barbe-
rousse, irrité de sa résistance, la rasa complètement. L'église
Saint-Ambroise fut seule épargnée par le vainqueur, qui fit passer
la charrue et semer du sel sur les ruines de la ville. Malgré cette
précaution, celle-ci ne tarda pas à se relever, et l'empereur,
vaincu à son tour, dut venir s'humilier à Venise pour obtenir
la paix. — Soumis successivement aux Visconti et aux Sforza,
dont le vieux *castello* crénelé sert aujourd'hui de caserne, le
Milanais finit par passer à la maison d'Espagne, puis à celle
d'Autriche, et enfin à l'Italie, après avoir été à différentes reprises
occupé par nos armées, car on a pu dire avec vérité que la
Lombardie était le tombeau des Français.

Milan possède quatre-vingts églises et de nombreux palais,
mais son principal monument est la cathédrale. Qui ne connaît
sa grande silhouette, toute hérissée de clochetons? Il y a vingt
ans, après la campagne d'Italie, elle a fourni le bouquet de tous
les feux d'artifice que l'on tirait en France, et depuis elle a souvent figuré, en pièce montée, à la devanture des confiseurs.
Le dôme de Milan méritait mieux que cela; je ne connais pas
d'édifice plus majestueux et plus romanesque à la fois que cette
cathédrale, avec sa flèche gracieuse, ses longues files de contreforts, ses milliers de statues et de clochetons se détachant au
milieu de la clarté radieuse d'une nuit italienne. L'intérieur
répond à ses dehors magnifiques, et ses voûtes immenses sont
plus belles encore et font plus d'impression que celles de Co-

logne. L'architecte à qui on doit le plan de l'édifice était du reste un Allemand, Heinrich Arler, de Gmünd, que le patriotisme italien s'est approprié en en faisant Enrico Gamodia. Saint-Marc de Venise inspire un sentiment d'étonnement, de curiosité ; il éblouit comme un de ces vieux bijoux byzantins d'une valeur inappréciable ; la cathédrale de Milan frappe plus haut : c'est à l'âme qu'elle s'adresse avec ses hautes ogives d'une sévérité grandiose. Voilà l'impression générale que laisse cette cathédrale célèbre ; il faut monter au sommet de la flèche pour juger de l'effet étonnant de ses longs contreforts, admirer leurs innombrables statues, leurs sculptures délicates, et se rendre compte enfin de cet immense édifice de marbre qui restera une des plus sublimes conceptions du génie chrétien. Maintenant, il ne faut pas trop s'appesantir sur les détails : tel vitrail moderne rappelle la veste bigarrée d'Arlequin, et la peinture en trompe-l'œil qui couvre la voûte joint, au premier défaut d'être une petite supercherie peu digne d'un monument comme celui-ci, le tort plus grand de ne tromper personne. Enfin, les gens qui ont l'esprit mal fait trouveront que ces édifices dont le revêtement seul est en marbre et les dessous en briques ne valent pas nos bonnes constructions en pierre, et ils diront que plaquer un portail grec sur un édifice gothique n'a jamais été un trait de génie. C'est à l'architecte Pellegrini cependant que l'on doit ce portail, et Napoléon Ier, lorsqu'il fit continuer les travaux de la cathédrale, aurait bien dû le faire jeter à bas ; mais l'empereur avait, lui aussi, la manie de copier les Romains jusque dans leurs monuments.

Pendant qu'il faisait élever à Paris l'arc de triomphe de l'Etoile, il faisait construire à Milan celui de la Paix, à côté de cette grosse bâtisse qu'on appelle l'Arène. Celle-ci est une imitation maladroite des cirques de l'antiquité, et son moindre défaut est d'être complètement inutile : une troupe d'hippodrome serait perdue dans cette vaste enceinte, et, comme on l'a fort bien dit (1), jamais on n'obtiendra que la société milanaise quitte ses loges drapées de la *Scala* pour aller jouer les Romains sur les gradins du cirque de Napoléon.

La *Scala* de Milan est, après le *San-Carlo* de Naples, le plus grand théâtre de l'Italie ; il passe pour un des meilleurs, et la réputation de son corps de ballet est universelle. Malheureuse-

______

(1) *Italie pittoresque, Lombardie*, par Al. Royer.

ment, ses représentations n'ont lieu que pendant quelques semaines de l'hiver.

Entre le théâtre de la *Scala* et la cathédrale, s'ouvre la galerie Victor-Emmanuel, la plus belle construction de ce genre existante en Europe. Elle présente la forme d'une croix au milieu de laquelle s'élève une coupole vitrée : en bas, de riches magasins, en haut des statues et des peintures que la lumière électrique éclaire pendant toute la nuit.

Ici, nous avons tous les raffinements de la civilisation ; faisons du contraste, et passons sans transition à l'église Saint-Ambroise ; c'est le plus ancien édifice de Milan, le seul qui ait survécu au sac de 1162. Les archéologues assurent que l'église actuelle ne date que de cette époque, mais que l'*atrium* qui la précède, cour carrée et entourée de vieilles arcades romanes, remonte au temps de Charlemagne. Plus anciennement, il y avait là, dit-on, une église construite par saint Ambroise lui-même sur les ruines d'un temple païen. Un jour, en 390, l'empereur Théodose se présenta à la porte de cette église ; il arrivait de Grèce où il venait de réprimer sévèrement la rébellion des habitants de Thessalonique, en faisant mettre à mort 7.000 d'entre eux. Sur le seuil du temple, l'empereur trouva l'évêque Ambroise, qui lui interdit l'entrée de la maison de Dieu tant qu'il n'aurait pas obtenu le pardon du crime qu'il venait de commettre. Théodose obéit et donna au monde le grand exemple d'un souverain tout-puissant faisant pénitence ; si bien que l'on ne sait ce qu'il faut admirer davantage ou du courage du pontife ou de la soumission de l'empereur.

Milan eut un autre évêque non moins illustre que saint Ambroise, je veux parler de saint Charles Borromée. Descendant d'une ancienne famille lombarde et neveu d'un pape, saint Charles, cardinal à vingt ans, joua un rôle considérable au concile de Trente, réforma son clergé, et se fit remarquer par son dévouement et l'austérité de sa vie. On lui a élevé, il y a deux siècles, sur les bords du lac Majeur, au-dessus de la ville d'Arona où il vit le jour, une statue colossale qui se dresse à plus de cent pieds de hauteur, et on montre, à la cathédrale de Milan, son corps enfermé dans un cercueil de cristal que tous les souverains de l'Europe se sont plu à couvrir d'or et de pierreries. Il y a là des richesses prodigieuses, des joyaux uniques au monde.

L'église *Santa Maria delle Grazie*, ancienne chapelle d'un couvent aujourd'hui transformé en quartier de cavalerie, possède un trésor d'un autre genre, la fameuse *Cène* peinte par Léonard de Vinci sur le mur du réfectoire : c'était un tableau de circonstance. Il est surtout remarquable par l'expression de ses figures; les différents jeux de physionomie sont rendus avec une vérité que l'on ne soupçonne pas dans les nombreuses copies ou gravures de cette fresque fameuse, copies dont la fabrication est devenue une véritable industrie, puisque nous en avons compté quatorze qui venaient d'être terminées et attendaient un amateur. — Malheureusement, le chef-d'œuvre de Léonard de Vinci est bien détérioré, la couleur en est usée pour ainsi dire, et, comme si le temps n'eût pas suffi à le détruire, des barbares l'ont mutilé en ouvrant une porte dans les jambes du Christ. Léonard de Vinci était l'ami de François Ier; le roi-chevalier, n'ayant pu transporter ses œuvres en France, l'avait emmené lui-même à Fontainebleau, et tout le monde connaît le tableau de Ingres qui représente l'artiste mourant entre les bras du roi. Charles-Quint avait le Titien, François Ier devait avoir Léonard de Vinci, et les deux princes rivaux en politique devaient aussi l'être en peinture.

Milan possède un musée célèbre, qui occupe le somptueux palais de la *Brera*, ancien collège des Jésuites, et renferme non seulement des œuvres de statuaires ou de peintres italiens, mais encore des toiles flamandes, hollandaises et espagnoles. Dans cette *pinacoteca*, la place d'honneur est occupée par le fameux *Sposalizio*, le mariage de la Vierge, de Raphaël. Le sujet est traité avec une poésie et une délicatesse qui ont valu à ce tableau célèbre une renommée universelle ; néanmoins, je préfère à cette peinture recherchée qui caractérise la première manière de Raphaël, la facture large et puissante des Van Dyck, des Rembrandt ou des Velasquez qui occupent les salles voisines.

Parlant peinture, il faut dire un mot de l'exposition des beaux-arts, qui était ouverte à Milan pendant le séjour que nous y avons fait. Les vieux maîtres dont les toiles garnissent les salles de la *Brera* peuvent reposer en paix, leurs successeurs ne les ont pas encore dépassés. Quelques œuvres de mérite perdues dans une foule de médiocrités, une abondance de tableaux officiels, portraits de la famille royale ou scènes historiques, voilà pour la peinture. La statuaire rentre davantage dans le génie italien ; aussi trouvons-nous de beaux bronzes et

des marbres magnifiques ; mais le réalisme est ici en honneur :
tel artiste a collé une page imprimée sur le livre de marbre qu'il
a placé dans la main de son sujet, tel autre donne un arc en bois
doré à un cupidon de bronze, et j'ai vu de véritables lunettes
sur le nez d'une statue, celle probablement du docteur Pangloss,
de *Candide*, qui disait : « Remarquez bien que les nez ont été
« faits pour porter des lunettes ; aussi avons-nous des lunettes. »

Le chemin de fer met deux heures à franchir la distance qui
sépare Milan de Côme. La seule ville importante qu'il traverse
est celle de Monza, où les rois lombards se faisaient couronner.
Son église possède de véritables trésors archéologiques et notamment la célèbre couronne de fer qui servait au sacre des rois.
C'est un cercle d'or, orné de pierreries et assez semblable à un
tortil de baron ; il est garni intérieurement d'une mince bande de
fer, forgée avec l'un des clous de la Passion, relique sacrée que
l'impératrice Hélène rapporta de Palestine au IVe siècle. Deux
ordres de chevalerie ont été fondés en l'honneur de cette pré-
cieuse couronne : d'abord celui qui porte son nom, la *Couronne
de fer*, institué par Napoléon 1er lorsqu'il se fit couronner roi
d'Italie, et rattaché depuis aux ordres autrichiens ; ensuite celui
de la *Couronne d'Italie*, créé il y a quelques années, par le roi
Victor-Emmanuel.

Côme est une jolie ville avec une place à arcades et une vieille
église dont le portail roman est orné des statues profanes des
deux Pline, qui sont originaires de ce pays. C'est fini des
grandes plaines de la Lombardie ; nous voici au pied des Alpes,
et la ville est entourée de hautes montagnes, au sommet des-
quelles on voit se détacher une tour élevée : c'est tout ce qui
reste du Castello Baradello, un vieux manoir où Frédéric Barbe-
rousse aimait à venir se reposer. Côme est coquettement assis
au bord du lac qui allonge ses grands bras entre deux rives
élevées, couvertes de vignes ou de bois au milieu desquels se
détachent les gracieuses maisons de campagne de l'aristocratie
milanaise.

Toutes les familles riches de Milan ont leur villa au bord du
lac de Côme, comme elles ont leur loge au théâtre de la *Scala* :
c'est un luxe en quelque sorte obligatoire. Ces villas se pressent
sur les bords du lac qui ne sont guère plus larges que ceux d'un

fleuve, et elles viennent mirer dans ses eaux calmes, sous cet admirable soleil d'Italie, leur blanche silhouette entourée de verdure. La végétation méridionale s'épanouit là dans toute sa splendeur, et l'art le plus raffiné a décoré ces habitations princières dont quelques-unes contiennent de véritables chefs-d'œuvre. Voici par exemple, la villa Carlotta et la villa Melzi, qui sont de vrais musées; à un autre titre, citons en passant la villa Taglioni construite par la célèbre danseuse dont la fille devait épouser plus tard un prince russe, et la villa Pliniana, qui possède une source dont le niveau monte et descend tous les jours comme celui de l'Océan. Elle a reçu le nom de Pline le Jeune, qui le premier a signalé ce phénomène encore inexpliqué.

Après Bellagio, qui s'élève dans une position charmante à l'extrémité d'un promontoire séparant les deux bras du lac, les villas deviennent moins nombreuses; mais Gravedona montre encore ses vieux remparts et son château-fort flanqué de quatre grosses tours. Peu à peu le paysage perd son aspect italien, les montagnes vont toujours en s'élevant, de grands rochers tout nus ont remplacé les collines boisées, et au sommet de ce pic, là-bas, voici de la neige.

Le lac de Côme passe pour le plus beau des lacs d'Italie, aucun n'est plus fréquenté ni plus célèbre. Je lui préfère cependant le lac de Garde, ses flots semblent plus transparents, ses horizons paraissent plus étendus, et puis la villa la plus coquette ne vaut pas à mes yeux le manoir le plus délabré.

On débarque à Colico, à l'embouchure de l'Adda; à droite, voici l'entrée de cette Valteline tantôt riante et féconde, tantôt triste et malsaine, que nous avons parcourue au début de ce voyage, jusqu'au col du Stelvio. Le vieux château de Fuentès en commandait jadis l'entrée : construit en 1603 par les Espagnols, il s'élevait alors sur une île que les alluvions de l'Adda ont reliée depuis à la terre ferme. Les Français, du reste, sont passés par ici, et depuis 1796 l'ancien château-fort n'est plus qu'une ruine. Devant nous s'ouvre la route du Splügen, elle traverse d'abord des terrains humides et sablonneux, amenés par l'Adda en telle abondance qu'ils ont séparé le lac de Côme du lac de Riva qui paraît en avoir fait anciennement partie. Ce petit lac, qui porte aussi le nom de Mezzola, est entouré de côtes à pic dans lesquelles on a dû tailler la route et la voie du chemin de fer qui va relier

Colico avec Chiavenna. Pour arriver à cette ville , le chemin s'engage dans la vallée de la Maira, ravagée périodiquement par les inondations. Le torrent entraîne dans son cours impétueux des quartiers de rochers, et l'on a dû faire monter la route à mi-côte pour la mettre au-dessus de ses atteintes.

Chiavenna a été construite par les Romains, elle devint au moyen-âge le siège d'un comté qui finit par tomber sous la domination de la République de Côme, puis au xvie siècle, sous celle des Grisons qui la gardèrent jusqu'à la fin du siècle dernier. Elevée à l'entrée du Val Bregaglia, sur la grande route qui descend de l'Engadine par le col de la Maloggia, Chiavenna est admirablement placée entre la Suisse et l'Italie. Elle est adossée à d'énormes rochers à pic, et traversée par la Mera, qui fait au milieu même de la ville, les bonds les plus capricieux. Ajoutez à cela des rues grimpantes, étroites, bordées de vieilles maisons dont les fenêtres sont garnies de grilles ventrues, et vous aurez une idée de cette petite ville pittoresque. Un vieux château en ruine élève ses grosses tours rondes sur la grande place, et on cite comme des curiosités le baptistaire de l'église et le cimetière entouré d'arcades ; nous y avons vu deux ossuaires ornés de rosaces, dont le centre est formé par un crâne et les rayons par des tibias.

Après avoir traversé une épaisse forêt de châtaigniers, on atteint, en remontant le cours de la Lira aux eaux limpides, le hameau de Campo-Dolcino, qui déjà est à 1.083 mètres d'altitude. Peu de villages certainement sont bâtis d'une manière aussi extraordinaire : construit sur un éboulement, il est inutile d'y chercher une rue ou même la trace d'un alignement quelconque, et le hasard seul a groupé ses maisons qui, pour faire l'économie d'un mur, sont venues s'adosser à des quartiers de rochers.

La route monte toujours en décrivant d'innombrables lacets ; on a dû la soutenir par d'énormes massifs de maçonnerie et on est frappé d'admiration pour ce travail gigantesque, aussi imposant que celui du Stelvio. Ces deux routes ont été construites, il y a une soixantaine d'années, sous le règne de l'empereur François II, et une longue inscription latine est gravée dans le roc en l'honneur de ce prince. A gauche, le précipice se creuse de plus en plus, et la route passe près de la cascade de Madesimo qui se jette, d'une hauteur de 250 mètres, dans la vallée où elle arrive en poussière argentée ; une petite plateforme s'élève juste au-dessus de la chute et permet de l'admirer ainsi sous ses divers aspects. Peu après, on atteint une suite de galeries voûtées qui protègent la route contre les avalanches ; l'une d'elles n'a pas moins de 500 mètres de long : c'est, je crois, le plus grand travail de ce genre qui ait jamais été fait. Au-dessus, des quartiers de rochers menaçants dressent leurs masses chancelantes, et, si l'on se penche par une des ouvertures de la galerie, on trouve un précipice béant au fond duquel le torrent roule avec fracas. Enfin voici les douaniers italiens et la borne qui marque la frontière suisse ; nous allons arriver au sommet du col, à 2.118 mètres au-dessus du niveau de la mer.

Le matin, nous étions encore sur le lac de Côme entouré de lauriers en fleurs, et la nuit vient nous surprendre au milieu de rochers sauvages où l'on ne trouverait pas un buisson. La lune éclaire de sa grande clarté ce paysage magique, dont elle fait paraître les montagnes plus hautes et les abîmes plus profonds. La descente sur Splügen se fait au grand trot de cinq vigoureux chevaux, en suivant des lacets aussi nombreux que ceux que nous avons eu à gravir de l'autre côté de la montagne. A chaque coude de la route, la lourde voiture rase le bord du précipice ; le premier tournant impressionne, au troisième on n'y fait plus attention, et si la fatigue et la nuit vous plongent dans un demi-sommeil, vous vous sentez emporté dans une descente fantastique, sans savoir au juste si vous vous trouvez encore dans la réalité ou si plutôt vous n'êtes pas le jouet d'un rêve effrayant.

Le lendemain, nous quittions Splügen pour entrer dans le Rheinwaldthal, vallée riante où le vert éclatant des prairies contraste avec le noir velouté des grands bois de pins. La route suit constamment le Rhin-Postérieur qui sort du Bernardin et bondit dans un lit de rochers en formant d'innombrables cascades. De vieux ponts, que leur fragilité a fait abandonner, enjambent quelquefois le torrent, et semblent avoir été conservés tout exprès pour les paysagistes. Voici Andeer, puis Zillis avec sa vieille église et quelques maisons anciennes dont l'une porte, à côté des trois écussons des Ligues grisonnes, l'inscription suivante :

· Este pares et ob hoc concordes vivite nam vos ·
· et decor et cantus et amor sociavit et ætas ·
· 1608 ·

A peu de distance de là, la route s'engage dans la célèbre Via Mala, que l'on cite comme l'une des plus grandes beautés de la

Suisse. C'est un passage étroit entre deux murailles de rochers à
pic, hauts de 500 mètres : dans le fond, le Rhin bondit et tour-
billonne. La route s'accroche au flanc du rocher, et à trois
reprises elle est forcée de franchir le précipice sur des ponts d'une
hardiesse incroyable. L'un d'eux, celui du Milieu, est à 87 mètres
au-dessus du torrent ; à cette hauteur, il a failli être emporté par
une inondation. A la fonte des neiges, les eaux resserrées entre
les parois du rocher grossissent d'une façon effrayante, et, le
27 août 1834, elles montèrent au point de venir effleurer l'arche
du pont ; plusieurs fois depuis, il a couru le même danger. Quelquefois le défilé se rétrécit tellement que le chemin doit entrer
dans le rocher, c'est ainsi que l'on traverse le Trou-Perdu avant
d'arriver à la sortie du défilé : deux énormes roches s'avancent
au-dessus du Rhin, l'une d'elles est couronnée des ruines du château de Haute-Rhétie, et leurs grandes masses sombres se rappro-
chent en ménageant une échappée ravissante sur le riant village
de Thusis et la vallée du Rhin tout étincelante sous le grand
soleil. Il semble que l'on respire plus librement au sortir de cette
crevasse fantastique, où l'on est comme écrasé par la majesté des
rochers qui vous entourent.

Nous ne dirons rien de Thusis, que nous avons déjà traversé en
commençant ce voyage, et nous arrivons à Reichenau pour voir
le Rhin-Postérieur, que nous suivons depuis le Splügen, se réunir
au Rhin-Antérieur qui descend du Saint-Gothard. Leur jonction
se fait à la pointe du jardin de M. de Planta, propriété soigneu-
sement entretenue et dont l'entrée est gracieusement ouverte
aux étrangers. De l'autre côté de la rue, on remarque une grande
maison à volets verts et d'apparence bourgeoise, bien qu'elle
ait été construite par un évêque de Coire et qu'elle soit qualifiée
de château. A la fin du siècle dernier, un collège y avait été ins-
tallé, et, pendant l'année scolaire 1793-1794, la langue française
et les mathématiques y furent enseignées par un M. Chabaud. On
disait bien dans le pays que ce M. Chabaud était un émigré, mais
personne ne savait que le modeste professeur fût le duc de
Chartres, et il aurait été bien étonné lui-même si on lui eût prédit
qu'il régnerait un jour sous le nom de Louis-Philippe.

Remontons maintenant le cours du Rhin-Antérieur jusqu'à sa
source : la route grimpe d'abord assez rapidement, puis elle atteint
une espèce de col qu'elle franchit pour descendre au milieu des
prairies et des sapins. Voici le petit lac de Trins, tout coquet

avec sa ceinture de grands arbres se reflétant dans une eau d'un vert foncé. A Flims on trouve les premiers chalets, et on arrive ainsi à Waldhœuser, hameau fréquenté par les étrangers amateurs des grands bois de pins et des lacs ombragés. Ilanz, où la route passe ensuite, est un gros village avec un pont couvert, des tours et quantité de vieilles maisons qui lui donnent beaucoup de cachet. Il partage avec Thusis que nous avons déjà vu, et Trons où nous allons arriver, l'honneur d'être le siège de la Ligue Grise qui se réunit alternativement dans l'une ou l'autre de ces localités.

La Ligue Grise est une des trois petites républiques fédératives dont la réunion forme le canton des Grisons. Leur fondation date du xv⁰ siècle; dès 1471 elles s'allièrent aux cantons voisins, mais sans faire partie de la confédération helvétique, où elles n'entrèrent qu'en 1798. C'est à Ilanz que l'on conserve les archives de ce curieux petit état, et on va visiter à Trons la salle, décorée de peintures et d'armoiries, où les députés de la Ligue se réunissent depuis plus de quatre cents ans.

Après Trons, nous voyons s'élever à notre gauche un nuage ressemblant à la fumée d'un vaste incendie. Il paraît que cette poussière est soulevée par la chute lente et continue d'une montagne, dont les masses de sable et de rocher forment en tombant une cascade d'un nouveau genre. Nous avons appris depuis que l'on avait dû pratiquer à coups de canon une brèche dans le flanc de la montagne, pour empêcher cet éboulement, qui durait depuis plusieurs mois, de prendre des proportions inquiétantes. — On traverse le *Ruseinbrüke*, magnifique pont de bois couvert, long de près de deux cents pieds, jeté sur le torrent qui descend en bondissant du Val Rusein, et on arrive à Disentis.

Disentis est une vieille petite ville, au dessus de laquelle s'élèvent les grands bâtiments et la chapelle d'un couvent de bénédictins. — Fondée au vii⁰ siècle par un moine écossais, disciple et compagnon de Saint-Gall, cette abbaye fut célèbre pendant tout le moyen-âge : son abbé portait le titre de Prince du Saint-Empire et il avait la présidence de la diète de la Ligue Grise. — La voûte de la chapelle est couverte de peintures grossières et d'inscriptions latines dont les lettres ont été inversées je ne sais dans quel but. Plusieurs de ces fresques représentent les incendies qui, à diverses reprises, ont ravagé l'abbaye, notamment celui de 1799, qui fut l'œuvre des troupes du Directoire; car cette vallée fut défendue contre les Français par les Autrichiens que les

Grisons avaient appelés à leur secours, et les Français, battus
d'abord, victorieux ensuite,commirent des excès dont la mémoire
n'est pas encore effacée. Les Suisses ont eu la grandeur d'âme de
ne pas s'en souvenir en 1871, lorsqu'ils donnèrent tant de marques
de sympathie à notre malheureuse armée de l'Est, vaincue et re-
jetée sur leur territoire.

Au delà de Dissentis, la route commence à monter; après avoir
traversé de nombreux torrents, décrit des zigzags sans fin, elle
passe près d'une petite cascade qui tombe du lac Toma, on dit que
c'est la principale source du Rhin et ils en sont pour leurs frais
d'imagination ceux qui, sur la parole de Boileau, se sont représenté

> Au pié du mont Adulle, entre mille roseaux,
> Le Rhin, tranquille et fier du progrès de ses eaux,
> Appuyé d'une main sur son urne penchante.
>
> . . . .

Au col de Surpalix, à 2,052 mètres d'altitude, nous trouvons
des tourbières, puis le lac de l'Oberalp dont les eaux noires,
entourées de rochers sauvages, ont un aspect lugubre : c'est de
là que sort la Reuss. Descendons les nombreux lacets de la nouvelle route de l'Oberalp et nous arrivons à Andermatt.

Andermatt est situé dans une vallée verdoyante, véritable
cirque entouré de hautes montagnes, et que les géologues croient
avoir été le fond d'un ancien lac où les eaux de la Reuss se
seraient amassées, jusqu'au jour où elles auraient pu s'ouvrir un
passage à travers les rochers des Schœllenen. La route s'engage à
côté du torrent dans cette gorge profonde, bordée par deux hautes
murailles de rochers à pic, moins imposants sans doute, mais
plus sauvages encore que ceux de la Via Mala. Voici le Trou
d'Uri, puis le célèbre Pont du Diable, jeté au-dessus d'une chute
de la Reuss et toujours humide de son écume. Il y a là deux ponts,
un neuf sur lequel passe la route, et un vieux dont les pierres
moussues ont un air vénérable. Sa voûte est si frêle et si hardie
que l'on attribuait aux puissances infernales sa construction
merveilleuse, dont l'honneur revient tout bonnement à un abbé
d'Einsiedeln du xiie siècle.

Ces gorges horribles furent, au mois de septembre 1799, le
théâtre de luttes acharnées entre Russes et Français; c'est là que
se passa un des plus sanglants épisodes de cette suite de combats
auxquels on a donné le nom de bataille de Zurich. Masséna,

qui avait concentré son armée entre Zurich et Brug, avait devant
lui Korsakoff et, sachant son aile droite menacée par Souwarow
qui arrivait d'Italie par le Saint-Gothard, il avait détaché la
division Lecourbe pour défendre les défilés de la Reuss. Lecourbe,
de son côté, avait envoyé une de ses brigades à Airolo, pour
garder le passage du Saint-Gothard. Les Russes chargeaient
admirablement à la baïonnette, mais ils ne savaient pas tirer, et
ce fut au prix des plus durs sacrifices qu'ils forcèrent le passage.
Le général Lecourbe, menacé sur sa gauche par un corps ennemi
qui arrivait de Disentis, jeta son artillerie dans la Reuss et fit
sauter derrière lui le pont du Diable. Les Russes durent pour le
poursuivre descendre dans le précipice, et gravir, sous le feu de
notre infanterie, des rochers réputés inaccessibles. Ils tombaient
par pelotons sous les balles et les quartiers de roches que l'on
faisait rouler sur eux : néanmoins ils parvinrent à passer; mais
lorsqu'ils arrivèrent épuisés à Altdorff, au bord du lac de Lucerne,
Masséna avait rejeté Korsakoff et s'avançait à leur rencontre avec
une armée victorieuse. Souwarow se trouvait enfermé : il avait
été obligé de démonter ses cosaques pour conserver son artillerie,
il dut jeter celle-ci dans les précipices et s'engager dans des
montagnes horribles, où il n'y avait pas de route tracée. Il ne
pouvait passer qu'un seul homme de front dans le sentier qu'on
avait à suivre, et le premier soldat russe était déjà à Mutten que
le dernier n'avait pas encore quitté Altdorff (1).

Pour arracher le voyageur à ces grands souvenirs, on a peint
sur le rocher, à côté du pont, un grand diable cornu annonçant
l'heure de l'illumination de la cascade; nous retombons à plat
dans le prosaïsme et les travaux de percement du Saint-Gothard
ne sont pas de nature à nous en faire sortir. Le village de Gœs-
chenen s'élève à l'entrée du fameux tunnel qui passe sous des
villages, des torrents et des glaciers, traverse tout un massif de
montagnes, et fait sous terre quinze kilomètres que le chemin de
fer met quarante minutes à franchir, pour aboutir à Airolo, de
l'autre côté du Saint-Gothard. L'œuvre du percement a duré sept
ans et demi et a coûté la vie à plus de deux cents ouvriers. Les
immenses viaducs qui enjambent la vallée à des hauteurs
effrayantes doivent être aujourd'hui complètement terminés, et
la ligne qui met l'Italie en communication directe avec les pays

Nord a été ouverte récemment. Mais si l'on ne peut s'empêcher d'admirer ce travail gigantesque, véritable tour de force d'ingénieur, on doit le déplorer à un autre point de vue : c'est fini de la vallée de la Reuss, un des sites les plus beaux de la Suisse, le chemin de fer a détruit le paysage, « ceci a tué cela ».

Voici le Saut-du-Moine, vieux pont dont le nom rappelle quelque histoire tragique, et d'où la vue serait admirable si elle n'était gâtée par des groupes de cités ouvrières où l'*Osteria* italienne fait concurrence à la *Wirthschaft* allemande. La route traverse Amstaeg, où vient déboucher la pittoresque vallée de Madéran, et suivant toujours la Reuss qui continue ses bonds désordonnés, elle arrive à Altdorff, chef-lieu du canton d'Uri.

Nous sommes ici au berceau de la liberté suisse : c'est à Altdorff que le bailli Gessler avait fait dresser au sommet d'une perche le chapeau, emblème de la souveraineté du duc d'Autriche, devant lequel tout habitant était tenu de se découvrir. Qui ne connaît la légende de Guillaume Tell ? il refuse de se soumettre à cet ordre, est arrêté sur l'ordre du bailli qui met comme condition à son élargissement qu'il abattra d'un coup d'arbalète une pomme posée sur la tête de son fils. Tell est assez heureux pour réussir, mais ces fières réponses irritent Gessler qui le fait garrotter et conduire au bord du lac de Lucerne, où il s'embarque avec lui pour le château de Kussnacht. Pendant la traversée, une violente tempête met les passagers en péril ; aussi bon pilote que tireur adroit, Tell, auquel on a rendu la liberté, se met au gouvernail, dirige le bateau vers la rive, puis il saute à terre, tue Gessler d'une flèche et s'échappe. Cette aventure, que l'on place à la date du 18 novembre 1307, détermina le soulèvement des cantons ; la conspiration éclata le 1er janvier 1308 et, quelques années plus tard, Rodolphe Reding remportait la victoire de Morgarten qui assurait l'indépendance du pays.

A la place où la tradition veut que le fameux coup d'arbalète ait été tiré, on a élevé une lourde et disgracieuse statue de Guillaume Tell ; embarquons-nous à Fluelen et nous trouverons encore son souvenir dans cette petite construction gentiment jetée sur la Tellsplatte, rocher où Guillaume Tell s'élança hors du bateau de Gessler. Il y avait là une petite chapelle bien modeste qui avait un air vieillot et des fresques naïves, quelquefois les vagues du lac venaient lui rendre visite, si bien qu'elle

menaçait de s'écrouler ; au lieu de la restaurer, on l'a jetée bas
et on vient d'élever à sa place un petit édifice insignifiant qui,
malgré ses belles peintures toutes neuves, fait regretter la
bonne vieille chapelle d'autrefois.

A cet endroit, le lac est entouré de hautes montagnes, qui
baignent dans ses eaux vertes leurs parois semblables à des murailles. Des hôtels luxueux s'élèvent le long de l'Axenstrasse,
magnifique route qui coupe le rocher et y pénètre quelque fois
par des galeries imposantes sans être comparables cependant à celle du Splügen ou du Stelvio. Le bateau passe devant
le Grütli ; c'est la prairie historique où se réunissaient Walter
Furst, Werner Stauffacher et Arnold de Melchthal pour conspirer
le renversement de la domination étrangère ; c'est là que les trois
fondateurs de la liberté suisse formèrent l'alliance d'Uri, de
Schwyz et d'Unterwald, et jurèrent, le 8 décembre 1307, quelques
jours après l'assassinat de Gessler, de délivrer leur patrie. Une
tradition poétique veut que trois sources aient jailli de terre au
moment où ils prononçaient ce serment. C'est encore ces trois
patriotes qui, en 1315, après la victoire de Morgarten, formèrent
la ligue qui resserra l'alliance des Trois Cantons, et on voit en dé-
barquant à Brunnen une fresque rappelant ce souvenir.

A une lieue de Brunnen se trouve la ville de Schwyz, véritable
berceau de la confédération suisse qui lui a pris son nom et em-
prunté ses armes. C'est une petite ville intéressante, construite
au pied des Mythen, rochers de forme bizarre qui élèvent leurs
grandes dents au dessus de ses rues grimpantes et de sa grosse
église. Schwyz fut longtemps la capitale de la confédération
et le centre d'une aristocratie puissante. En 1798, ses habitants
luttèrent pour le maintien de leurs anciens privilèges, que sup-
primait la nouvelle constitution imposée par les armées de la
République française, et ils préférèrent se retirer dans leurs
montagnes inaccessibles plutôt que de subir le joug de leurs pré-
tendus libérateurs, dont la protection tournait à la tyrannie.
En 1802, ils essayèrent de recommencer la lutte, et ce ne fut
véritablement qu'en 1833 qu'ils adoptèrent l'égalité politique. A
côté de ce principe, ils ont inscrit dans leur constitution celui de
la liberté des cultes, mais l'exercice de ce droit a été tellement
entravé qu'il est devenu presque illusoire. On se représente à tort
la Suisse comme le pays libre par excellence : la minorité catholique des cantons y est opprimée par une majorité radicale, et

cette situation dure depuis la guerre du *Sonderbund* dont je dois dire quelques mots.

En 1844, le Grand Conseil ayant décrété la suppression des couvents, les cantons catholiques protestèrent et réagirent, alors il se forma des corps francs libéraux qui violèrent le territoire de Lucerne. Après avoir repoussé cette agression, les sept cantons de Lucerne, Uri, Schwyz, Unterwald, Zug, Fribourg et le Valais formèrent, le 11 septembre 1845, une ligue séparée (*Sonderbund*) pour la défense de leur liberté religieuse. La diète invita cette ligue à se dissoudre, et, sur son refus, le général Dufour entra dans le canton de Fribourg, prit cette ville et réduisit les catholiques sans grande effusion de sang. Les vieux cantons, qui avaient les premiers conquis leur indépendance et formé le noyau de la confédération, se trouvaient ainsi vaincus et soumis par ceux auxquels ils avaient donné la liberté. À la suite de ces événements, plusieurs ordres religieux, notamment les Jésuites, ont été expulsés, et lorsqu'un citoyen du canton de Genève, par exemple, refuse de se soumettre aux prétentions de la majorité radicale qui gouverne son pays, celle-ci le bannit, contrairement à la constitution, mais conformément à ce principe que la force est au-dessus du droit.

Voilà où en est la Suisse, terre classique de la liberté. Malgré cette intolérance, ou peut-être même à cause d'elle, Schwyz est demeuré essentiellement catholique, et si le hasard du voyage vous y amène un dimanche, vous verrez de longues files d'habitants se diriger vers l'église, les femmes dans leurs plus beaux atours, et les hommes portant tous la veste négligemment jetée sur l'épaule. Entre deux messes, les fidèles sortent de l'église et se réunissent sous le hangar qui y est adossé. Là, ils traitent les affaires, causent politique, et quand leur pipe est éteinte, ils rentrent à l'église et continuent leurs dévotions.

C'est près de Schwyz que se produisit le fameux éboulement de Goldau, l'une des plus terribles catastrophes que l'on ait jamais eu à enregistrer. — L'été de l'année 1806 avait été pluvieux, et pendant les derniers jours du mois d'août la pluie n'avait cessé de tomber : le 2 septembre, dès le matin, les habitants crurent entendre des craquements souterrains ; mais, à 5 heures du soir, un bruit épouvantable se produisit, c'était le Rossberg qui s'écroulait en écrasant quatre villages et en comblant une partie du lac de

Lowerz, dont les eaux refoulées noyèrent ce qui avait échappé à l'éboulement.

Entre Schwyz et Lucerne se dresse le Rigi, qui est probablement la montagne la plus fréquentée de toute la Suisse. Une réclame savante y attire quantité de voyageurs, et l'on a construit pour eux un chemin de fer qui monte jusqu'au sommet du *Kulm*, à 1.800 mètres d'altitude. Là, ils trouvent de grands hôtels installés avec le luxe et le *comfort* les plus raffinés, et, s'ils désirent assister au lever du soleil, on poussera la recherche de la couleur locale jusqu'à remplacer le prosaïque réveil-matin par les sons rauques de la trompe des Alpes. Pour beaucoup de touristes, le plus intéressant de l'ascension du Rigi est le chemin de fer qui grimpe au sommet de la montagne. La pente y atteint le chiffre de 25 %, et a nécessité la construction d'un matériel spécial ; à certains moments, les rails sont simplement posés sur un viaduc en tôle découpée à jour, ne reposant que sur deux immenses tréteaux en fer ; le tout décrit une courbe, à 23 mètres de hauteur, au-dessus d'un torrent : c'est d'une légèreté et d'une hardiesse étonnantes.

Au pied du Rigi, le lac des Quatre Cantons étend ses grands bras dans quatre directions, ce qui a fait dire qu'il affectait la forme d'une croix. Ses eaux d'un beau vert et surtout les magnifiques montagnes, tantôt boisées et tantôt sauvages, qui l'encadrent, lui ont valu une réputation universelle, et le font considérer généralement comme le plus beau lac de la Suisse. Quand on a passé le détroit formé par deux promontoires de rochers qui s'avancent dans le lac et qu'on appelle les Nez, on aperçoit le Pilate, dont les cîmes dénudées sont presque toujours perdues dans les nuages : les gens du pays disent alors qu'il a mis son chapeau, et il semble que son nom (*pileatus*) soit venu de là.

Cette montagne a sa légende. On raconte que Ponce-Pilate, après avoir condamné à mort Jésus-Christ dont il avait cependant reconnu l'innocence, ne tarda pas à tomber en disgrâce et fut exilé dans les Gaules. Poursuivi par le remords, il errait dans ces montagnes, cherchant l'oubli de son crime ; un jour, le désespoir le saisit et il se jeta du haut d'un rocher dans le lac dont il est demeuré le mauvais génie. C'est lui qui attire les orages qui le dévastent si souvent, et, lorsque la tempête soulève les flots du lac, c'est Pilate qui l'a déchaînée.

Mais voici Lucerne avec ses nombreuses tours, ses ponts et ses

quais magnifiques, sur lesquels s'élèvent de grandes constructions plus semblables à des palais qu'à des hôtels. La Reuss, qui
est entrée dans le lac près de Fluelen, s'en échappe près de
Lucerne et se fait majestueuse pour traverser la ville.

Lucerne remonte au viiie siècle ; dès le xiiie, elle passa sous
la domination de la maison de Habsbourg qui possédait le comté
d'Argovie, où se trouve le château dont elle a pris le nom. Au
siècle suivant, les Lucernois suivirent l'exemple de leurs compatriotes d'Uri, de Schwyz et d'Unterwald qui venaient de s'af-
franchir, et Lucerne devint le quatrième canton de la confédération naissante.

C'est de cette époque que datent les murailles crénelées,
flanquées de neuf donjons élevés, qui dominent encore la ville.
Quelques années auparavant, les Lucernois avaient construit le
grand pont de bois, abrité par un toit sous lequel sont accrochés
cent cinquante-quatre vieux tableaux, sans valeur artistique,
mais dont les sujets sont empruntés à la Bible ou à l'histoire
locale. Au milieu du pont, se dresse une grosse tour coiffée d'une
lourde toiture : c'est, dit-on, l'antique phare (*lucerna*), qui servait
à éclairer l'entrée de le ville du côté du lac, et qui avait jadis
une importance telle que la ville même en a tiré son nom. L'étage
inférieur est occupé par l'inévitable marchand d'objets en bois
sculpté que l'on retrouve partout à Lucerne : tout commerçant
tient un assortiment de ces menus objets, sans goût et sans
valeur, mais que beaucoup d'étrangers se croient tenus de rap-
porter en souvenir et en témoignage de leur séjour en Suisse. Ce
qui se débite de petits lions de Lucerne est véritablement
fabuleux.

Avant de quitter la ville il faut aller voir ce monument célèbre,
élevé à la mémoire des Suisses qui se firent massacrer en défen-
dant les Tuileries, le 10 août 1792. Au fond d'une sorte d'antre
taillé dans le rocher, on a sculpté un lion gigantesque qui expire,
le flanc déchiré, sur l'écusson aux trois fleurs de lys que sa
griffe puissante essaie de protéger encore. Au dessous, on a
gravé les noms de ces martyrs du devoir, morts au nombre de
786 ; enfin de beaux arbres, ombrageant une source aux eaux
limpides, encadrent ce monument superbe, digne des braves
dont il perpétue la mémoire.

Regardons encore une fois l'admirable paysage que l'on

découvre des quais de Lucerne, ces montagnes imposantes se reflétant dans un des plus beaux lacs qui existent, car, à peine sortis de la ville, nous quitterons les Alpes et ce sera fini des grands sites.

Le chemin de fer passe devant le village et côtoie le lac de Sempach. Ses rives ont été illustrées par la victoire célèbre que les confédérés remportèrent sur l'armée autrichienne. L'empereur avait approuvé la ligue perpétuelle formée à Brunnen, en 1315, par les trois cantons primitifs, mais la maison d'Autriche n'avait pas abandonné ses prétentions, et de plus elle avait à prendre une revanche de la journée de Morgarten. Le duc Léopold n'attendit qu'un prétexte pour envahir le territoire de Lucerne qui venait d'entrer dans la confédération, et, le 3 juin 1386, son armée rencontra à Sempach les bandes suisses qui lui barraient le passage. Ses gentilshommes tout bardés de fer avaient mis pied à terre pour former un carré, rendu impénétrable par leurs longues lances qui pouvaient se prolonger en dehors depuis le quatrième rang. Vingt fois les Suisses étaient venus se briser contre cette muraille et leur défaite paraissait assurée, lorsqu'un soldat de l'Unterwald, Arnold de Winkelried, s'élance hors des rangs, recommande à ses compatriotes sa femme et ses enfants, puis saisissant autant de lances ennemies que ses bras peuvent en prendre, il les enfonce dans sa poitrine et ouvre ainsi une brèche dans ce rempart vivant. Les Suisses s'y jetèrent hardiment et leurs courtes épées firent de terribles ravages dans les rangs des chevaliers ennemis, embarrassés dans leurs armures et ne pouvant dans la mêlée faire usage de leurs grandes lances.

Pour entrer dans le canton de Bâle, on traverse une chaîne du Jura sous le tunnel de Hauenstein qui n'a pas moins de deux kilomètres, et, avant d'arriver dans cette ville, voici le village de Saint-Jacques, où fut livrée, le 26 août 1444, une sanglante bataille entre les Français et les Suisses. Charles VII, après avoir remporté de brillants succès sur les Anglais, venait de conclure une trêve avec eux ; pour occuper ses armées, composées en grande partie de bandes mercenaires dont l'oisiveté pouvait devenir un danger pour le pays, il mit à leur tête le dauphin, plus tard Louis XI, et les envoya au secours du duc Sigismond d'Autriche, qui était alors en guerre avec les Suisses. Le dauphin

arriva aux portes de Bâle; treize cents confédérés se portèrent
à sa rencontre au village de Saint-Jacques, où ils furent écrasés
sous le nombre et tués jusqu'au dernier, après avoir montré
une valeur telle que le vainqueur fit de suite la paix avec les
cantons et rechercha leur alliance. Le souvenir de cette sanglante journée est célébré tous les ans par les sociétés chorales
ou patriotiques de la contrée, et le vin assez médiocre, dit-on,
que produisent les vignobles voisins, s'appelle encore le sang
des Suisses (*Schweizerblut*).

Bâle est une grande ville triste, avec des rues désertes ébran-
lées par de lourdes voitures de tramway qui, au lieu de rouler
tranquillement sur des rails, se font durement cahoter sur le
pavé. Le Rhin sépare la ville en Grand et Petit Bâle qu'une
vieille rivalité a divisés de tout temps. Sur l'ancien pont qui relie
les deux villes, s'élevait jadis une tour avec une horloge ornée
d'une grosse figure grotesque qui tirait la langue aux habitants
du Petit-Bâle. Ce *Lællenkœnig*, comme on l'appelait, était devenu
le héros de tous les contes populaires, mais les bourgeois du
Petit-Bâle ripostèrent en dressant, en face de cette tête, un autre
personnage qui lui tournait le dos en lui montrant une autre
figure encore plus significative. Aujourd'hui, tout cela a disparu,
et le pauvre *Lællenkœnig* est relégué dans une sorte de musée
qui occupe à la cathédrale l'ancienne salle du Concile.

La première réunion du concile de Bâle eut lieu en 1431.
Convoqué pour travailler à la réunion des grecs schismatiques et
pour s'occuper des réformes à introduire dans l'Eglise, cette
assemblée ne tarda pas à entrer en lutte avec le pape Eugène IV,
et, après un échange de censures ecclésiastiques, le Concile,
devenu schismatique, déposa le Souverain-Pontife et nomma à sa
place le duc Amédée VIII de Savoie. Ce prince venait de remettre
la couronne à son fils, et, sur la foi d'une prophétie qui lui avait
prédit qu'il porterait la tiare, il s'était fait ermite au château de
Ripaille, de joyeuse mémoire. La plupart des souverains refu-
sèrent de reconnaître cet anti-pape, qui ne tarda pas à renoncer de
lui-même au Souverain-Pontificat, et la peste ayant éclaté à Bâle,
en 1443, le concile se dispersa. Il avait tranché quelques questions de discipline ecclésiastique, mais il laissait surtout le souvenir de ses discussions stériles, dont le compte-rendu est attaché
par une chaîne de fer à la bibliothèque de la ville.

La cathédrale de Bâle est un curieux édifice moitié gothique et moitié roman, construit sur une terrasse qui s'élève à soixante-dix pieds au-dessus du Rhin. Ainsi placée, elle fait un bel effet avec ses deux grands clochers inégaux. Derrière le chœur s'étend un vieux cloître roman conduisant à une terrasse plantée d'arbres qui se dresse à pic sur le Rhin ; la vue y est admirable : au bas le fleuve décrit une courbe gracieuse et le Petit-Bâle montre les toits pressés de ses maisons, tandis que dans le lointain les montagnes de la Forêt Noire étendent leurs grandes masses sombres. De chaque côté du portail s'élève une statue équestre, d'un côté saint Martin, de l'autre saint Georges, armé de toutes pièces et transperçant le dragon. La cathédrale de Bâle est un peu moins froide et moins nue que les autres temples protestants ; elle possède un beau jubé, des fonts baptismaux de 1465 et une chaire de 1586, dont les dentelles de pierre font l'admiration des archéologues (1). C'est miracle que ces chefs-d'œuvre aient échappé aux iconoclases qui ont dévasté l'édifice au xvi° siècle, car dès son apparition la Réforme eut beaucoup de succès auprès des Bâlois.

Après avoir empiété peu à peu sur le pouvoir temporel de leur évêque, les bourgeois de Bâle finirent par obtenir en 1501 leur admission dans la Confédération suisse, et, lorsque Luther parut, ils embrassèrent avec ardeur ses doctrines, qui leur permettaient de s'emparer des biens de leur évêque et de rompre les derniers liens qui les attachaient encore à lui. Un de ceux qui contribuèrent le plus à cette révolution fut un curé de Bâle, nommé Jean Hausschein qui, suivant l'usage du temps, avait transformé son nom en celui de Æcolampadius. Imitant Luther, il rompit ses vœux pour se marier, ce qui fit dire à son ami Erasme que la Réforme n'était pas chose si grave, puisque, en définitive, elle se terminait toujours, comme les comédies, par un mariage.

Si vous aimez la peinture d'Holbein, auquel on a longtemps attribué la célèbre *Danse macabre*, vous trouverez au musée quantité de ses toiles et de ses dessins, et il ne vous restera plus rien à voir lorsque vous aurez visité l'Hôtel de ville. C'est une construction dans le style de transition du xvi° siècle, portant sur sa façade les armoiries de Bâle qui ont longtemps fait le désespoir des héraldistes. Après de longues recherches ils ont fini par découvrir qu'elles représentaient un étui de crosse ; mais ce ne fut pas

______

(1) M. de Caumont, *Abécédaire d'Archéologie*, ARCHITECTURE RELIGIEUSE, ch. VII et VIII.

sans de graves controverses, et l'armorial allemand de Sibmacher avait, en désespoir de cause, décrit ces armes : Un écu blanc et ce qui est dedans noir. « Ce qui, ajoute le bon Père Ménestrier, n'est pas d'un grand secours pour ceux qui veulent apprendre à blasonner. »

Pour une ville qui compte plus de soixante millionnaires, ce qui donne la proportion d'un millionnaire pour 500 habitants, Bâle a une physionomie assez ennuyée pour qu'on quitte la ville sans le moindre regret : nous allons au reste regagner la France, et, quelque intéressant que soit un voyage, on n'est jamais fâché de rentrer chez soi.

Combien de pages ne pourrait-on pas écrire encore sur les pays que nous venons de visiter ? Nous avons dû passer bien des choses sous silence et glisser trop rapidement sur beaucoup d'autres ; mais, c'est en voyage surtout qu'il faut se rappeler le précepte :

Le secret d'ennuyer est celui de tout dire.

FIN

4330. PARIS. — IMPRIMERIE F. LEVÉ, RUE CASSETTE, 17.